名人与家庭教育

中国篇

主　编 / 李婧娟
副主编 / 徐洁　邢华　高万祥

江蘇鳳凰教育出版社
Phoenix Education Publishing, Ltd

图书在版编目(CIP)数据

名人与家庭教育. 中国篇 / 李婧娟等编. -- 南京：江苏凤凰教育出版社，2018.5(2019.7 重印)
ISBN 978-7-5499-7383-5

Ⅰ. ①名… Ⅱ. ①李… Ⅲ. ①家庭教育 Ⅳ. ①G78

中国版本图书馆 CIP 数据核字(2018)第 108270 号

书　　名	名人与家庭教育·中国篇
主　　编	李婧娟
副 主 编	徐　洁　邢　华　高万祥
责任编辑	鲍雄英　严明瑗
装帧设计	李广玹
出版发行	江苏凤凰教育出版社(南京市湖南路 1 号 A 楼　邮编 210009)
苏教网址	http://www.1088.com.cn
制　　版	南京凯建图文制作有限公司
印　　刷	江苏凤凰新华印务有限公司(电话:025-68037410)
厂　　址	江苏省南京市新港经济技术开发区尧新大道 399 号(邮编:210038)
开　　本	787mm×1092mm　1/16
印　　张	13.5
版　　次	2018 年 5 月第 1 版 2019 年 7 月第 2 次印刷
书　　号	ISBN 978-7-5499-7383-5
定　　价	60.00 元
网店地址	http://jsfhjycbs.tmall.com
公 众 号	苏教服务(微信号:jsfhjyfw)
邮购电话	025-85406265，025-85400774，短信 02585420909
盗版举报	025-83658579

主　编　李婧娟

副主编　徐　洁　邢　华　高万祥

编　委　王鹤凝　李智敏

插　图　王　斌

目　录

前　言

当前，生活节奏愈加紧凑，生活条件愈加丰富，生活水平越来越高，这是每个现代家庭都能感受到的变化。在这瞬息万变的时代，不曾改变的恐怕只有父母对孩子们的挚爱与期望了。

随着人们知识水平的不断提升，家庭教育渐渐从“教育”这一大范畴中脱颖而出。人们越来越重视家庭这一人生第一课堂给孩子未来人生的影响。父母们亦是无时无刻不在思考：怎样让孩子有一个好的人生的起点，怎样培养孩子，怎样启发孩子，怎样看待孩子的学习成绩，怎样教孩子与人交往，怎样给孩子树立榜样，怎样激发孩子的潜能……

本丛书为了帮助家长们解决家庭教育中的各种困惑，搜集整理了七十多位在家庭教育方面有所建树的古今中外名人，他们中有享誉中外的古代圣贤，有教育领域的开山鼻祖，有舞文弄墨的文人雅士……他们所处的领域各有不同，教育孩子的方法也各有千秋，有的以传世家训警醒后人，有的以诗文家信勉励子女，有的“身正为范”为孩子树立榜样。我们将这些内容加以编辑整理，以故事的形式体现他们的家教方法，以理论的形式体现他们的家教理念，期望最大限度地向家长们展示名人教子的智慧，启迪家长们对自己的教育方法加以深思，进而斟酌出更加有效且更加适合自己孩子的家教方法。

我们祈愿每一位父母都能够从本丛书中受益，用最好的理念与智慧教育孩子。由于编者水平有限，书中难免有所疏漏，敬请读者批评指正。

第一部分　名人家教故事

谦德有度，方能打破“三世而斩”

名人简介

周公姬旦，辅佐武王东伐纣王，摄政成王东征平乱。他是西周初期杰出的政治家、军事家、思想家、教育家，被尊为“元圣”和儒学的先驱、奠基人，是孔子最为尊敬的人物之一。

据说，家规、家训最早起源于西周的周公。《戒伯禽书》和《戒侄成王》合称《姬旦家训》，皆出自周公笔下，对后世影响深远，是中国第一本成文家训，首开中国古代家训之先河。《戒伯禽书》中，周公教诲儿子礼贤下士、崇教敬学、谦恭自律。在《戒侄成王》里，他又一再告诫成王要修己敬德，防止骄奢淫逸、重蹈殷商失德亡国的覆辙。周公的身体力行、勤勉从政和谆谆教诲终于使得西周王朝得以绵延二百七十余年。

家教故事

三千多年前的西周，有这样一个人：他是文王第四子，武王胞弟，成王之叔。文王执政时，他恭顺仁厚，忠义孝信，为父亲排忧解难。武王灭商时，他受命相辅，一生戎马，为兄长立下汗马功劳。成王即位后，他辅佐幼帝，东征平乱，维护周朝的安定团结。他便是被尊为“元圣”和儒学先驱的周公姬旦。

那一年西周初建，武王姬发在讨伐纣王成功后，因整日忙于新朝的巩固而殚精竭虑，至公元前 1043 年，忧思过度的君王终于难抵积劳，患疾而终。

临终前，姬发想到新朝初立，政局不稳，想到自己纵是曾经叱咤风云，如今君临天下，也难逃生死之命，独留下那孤儿寡母，恐怕自己与先父一世心血，不日便会花谢水流，便将姬旦叫来身边。姬发想，为今之计，恐怕只有托孤于这个同母胞弟，才能保我大好河山免遭他人进犯，才能牵制各方势力对我幼帝俯首称臣。

就这样，周公姬旦临危受命，摄政当国。他悉心辅佐年幼的成王，代行皇权，平定三监，以藩屏周，制礼作乐。他的一系列政策和措施使得西周王朝得以稳定。然而，周公姬旦仍旧不敢有一丝一毫的懈怠。总有一日，成王会长大，自己终是要归政于他。国之隐忧，非在当下，而在后嗣。如何让这孩子成长为真正的君王，如何让这父兄及周氏君臣苦心打下的江山，在自己和侄儿乃至后世子孙手中日益强大、经久不衰，成了周公心中更为打紧的大事。

作为摄政王叔，周公身体力行，勤勉从政，试图现身说法，以自己的言行举止影响成王，使其成为勤政爱民、谦恭自律的一代君王。他深知周室王朝的兴盛单凭一己之力是难以恒久的，只有汇集四方贤士，共商大计，共展宏图，方能续写霸业。为了招揽天下英才，他“一沐三捉发”“一饭三吐哺”，以最诚恳的态度礼待贤才。在他看来，正所谓“打江山易，守江山难”，如不想这周王朝出现“三世而斩”的局面，唯有以道德传家，方为正道。于是在巩固王朝统治、培养成王治国安邦之才的同时，周公将培育谦德作为塑造子侄品格修养的首要内容。所谓谦德，“大足以守天下，中足以守其国家，近足以守其身”。他期望周氏后人在身怀成就大业能力的同时，兼具守护江山的品性。

一日，成王与胞弟叔虞在一棵梧桐树下玩耍，年少的成王从树上摘下一片叶子，随手剪成圭的形状，并对一旁的弟弟说：“你看这叶子的形状同朝臣们上朝时所持的‘圭玉’相比，像与不像?”叔虞见了，答道：“像的!”成王听了一时兴起，将叶子交给弟弟，说：“既是像的，为兄便将这叶子赏给你。”想着金文中“桐”字与“唐”字形近，成王便又说：“‘剪桐’如‘翦唐’，你先拿着这个，日后我便将唐地分封给你，如何?”叔虞听了兄长的话，虽似懂非懂，却十分开心，欢欢喜喜地拿着那梧桐树叶做成的“圭”，跑去将此事告知了叔父周公。

听了叔虞的话，周公不假思索换上了朝服赶往宫中，见了成王便立即行礼道贺。成王一头雾水，便问道：“叔父为何穿着如此隆重，又为何要向我道贺?”“方才听闻天子要将唐地分封与叔虞，有此等大事，作为臣子如何能不前来道喜。”成王一听，笑着说道：“原来是这件事，我那是和叔虞玩闹罢了，叔虞尚幼，怎能受封。”听到这里，周公马上敛去笑容，正色道：“世间众人，无论身份，都应讲求一个‘信’字，何况是天子。天子一开金口，史官们就会将他说的话记录下来，用礼仪完成它，奏乐章歌唱它。如今陛下话已出口，却只当戏言不加履行，倘使这样任意玩笑几次，臣民们便会觉得你罔顾信义，又怎会臣服于你。”听了叔父的话，成王深感惭愧，于是立即下旨将唐地封给叔虞，并且从此之后，都以“君无戏言，言必行之”作为自己的立身之本和立国之策。

摄政六年后，看着国家逐渐走上正轨，社会秩序井然，侄儿也日渐成熟，足以独当一面，周公决定还政于王，但为了辅佐成王牢守基业，他没有返回封地颐养天年，而是让儿子伯禽承袭爵位，前往鲁国，自己则留在君王身边继续辅佐。

伯禽临行前，周公语重心长地对儿子说：“你不日将要前往鲁国，切记不可骄狂无忌，怠慢、轻视了那些有才之人。想我乃文王之子、武王之弟、成王之叔，论身份地位这天下有谁能及，但仍然时刻谦诚待士，唯恐失去天下贤人。你要记住，德行宽裕却恭敬待人，便能得到荣耀；土地广大却克勤克俭，就会远离危险；禄位尊盛却谦卑自守，就能常保富贵；人众兵强却心怀敬畏，必定常胜不败；聪明睿智却总认为自己愚钝无知，此乃明哲之士；博闻强记却自觉浅陋，那是真正的聪明……”伯禽谨遵父训，前往鲁国，在位四十余年，坚持以周礼治国，礼贤下士，谦德有度，使得鲁国的政治经济得以繁荣昌盛并且经久不衰，最终成为周王朝控制东方的重要邦国，并享有“礼义之邦”的美称。

而深受周公教导与辅佐的周成王，亲政之后营造新都洛邑，大封诸侯，排内忧，征外患，不断加强西周王朝的统治，成为中国历史上一代明主。他与儿子周康王为天下百姓营造出一个社会安定、百姓和睦的成康之世，使得西周王朝绵延二百七十余年。

家教理念

周公临危受命，摄政当国，悉心辅佐幼帝，不敢有丝毫怠慢。作为帝王之后，他并没有养尊处优、独善其身，以文王之子、武王之弟、成王之叔的身份安享一世荣华。他深知要使得涉世未深成长于优渥家境的子侄得以传承家业，使祖辈艰辛打下的江山不落入他人之手，需要的不仅仅是建邦立业、称霸天下的雄韬伟略，也不仅仅是开疆拓土、征战四方的挥斥方遒，更不仅是指点江山、激扬文字的书生意气，需要的是在怀揣壮志雄才之时，兼具礼贤下士、谦德有度的品质。如此，为君才能兼济天下，为子方能家业相传。

由此，周公姬旦为我们诠释的不单是帝王之后、士族子弟的家教立训，对今天所谓的“富二代”“官二代”来说更是一面镜子。如何打破“富不过三代”的传统魔咒？如何续写“从富到贵”的新篇章？如何防止好的家境与身世带给孩子的举止张狂与挥霍无度的纨绔子弟习性？或者说，在我们努力为孩子营造富足美好的物质生活的同时，如何让我们的孩子兼获丰富的精神财富？元圣周公可谓躬身垂范，以其情理之辞，约束规范子侄的行为；用其言行举止，感染子侄主动效仿。

寡母忍辱负重，成就栋梁之才

名人简介

人们所熟知的孔子，是我国伟大的思想家、教育家，是儒家学派的创始人，被尊称为“圣人”，但很少有人提及他的身世。孔子三岁亡父，家庭没落，与母亲相依为命。

他开创了私人讲学的风气，打破了当时的贵族教育传统。在教学方法上，他坚持“不愤不启”“有教无类”的宗旨。他把孝悌看做是家庭教育的核心内容，主张家庭中因情而有礼义，父母乃至兄嫂对子女及年幼弟妹有抚养的义务，这种义务既是礼义，又是孝悌和仁爱，同时还是情谊关系的最基本的反映。

成家之后，孔子将道德伦理作为教育孩子的重要内容，“诗礼传家”是其对儿子孔鲤立身处世的基本要求，而其提出的“不学诗无以言”和“不学礼无以立”也成了古代早期家训的典型内容。

不难看出，无论是孔子教育内容的核心思想，还是他办私学、兴教育的举措，无不渗透着其童年经历以及母亲颜徵在对其潜移默化的影响。

家教故事

叔梁纥，那个与鲁国名将狄虒弥、孟氏家臣秦堇父合称“鲁国三虎将”，智勇兼备、能文善武的陬邑大夫；那个曾在偪阳之战以双手力举城门，为部队的撤退争取时间的勇士；那个曾经率甲三百，趁夜突破齐军围困，护送臧孙纥逃离敌军的大将军。他是宋国君王之后，一世英杰，人品出众，让人惋惜的是，年逾花甲，这个骁勇善战的大英雄膝下仅有一个跛足之子，别说是自己的铮铮铠甲无人接替，就连家业都难以传承。

为了香火延续，传宗接代，叔梁纥做出了一个决定——另择闺秀为继室。而颜氏，虽不是鲁国境内的权贵人家，但家主颜襄是个博学多才之人，三个女儿亦是贤德之女，其先祖伯禽更是鲁国的始祖，因此，这颜氏与叔梁纥也可算得上门当户对。

天底下的父母哪有不希望自己的女儿能够幸福的，叔梁纥虽说是不可多得的大英雄，可毕竟已过了花甲之年，而自己的三个女儿却正值大好年华。这般突兀的上门提亲，一时间让颜襄没了主意，进退两难。他既敬重叔梁纥的英勇，不忍孔家后继无人，却也不想女儿芳华错许。百般纠结，颜襄最终还是决定征求下女儿们的意见。

本想着即便要嫁，最为合适的也就是稍长几岁的大女儿，可不想，偏偏就是大女儿第一个提出反对。

“这孔纥虽说出身高贵，可毕竟是个年长于父亲的老头，纵是他如何的英俊威武，怎可这般无礼向我颜家求亲，女儿是断然不会应允的。”

“这人莫不是疯癫了，不然怎会有如此荒唐的行为，一个可以做我姐妹祖父的人，竟厚颜无耻提出这等要求，当我们颜家的女儿是可以随意戏耍的吗？”二女儿的话更是不留情面。

颜襄不禁摇头叹息，看来此事只能作罢，要如何想一个好的说辞，打发了那媒人？

此时父亲的为难都被颜家的小女儿徵在看在眼里。许是感受到了女儿的注视，颜襄有意无意间看了一眼始终没有说话的小女儿，这个无论是性情还是才德，都让自己最为满意的小女儿。他试探着说道：

“这叔梁纥年纪的确大了些，可他身体康健，文能为大夫，武能治群雄，又是圣人商汤之后，怎忍心看他孔门绝后呢？徵在啊，你……”

也许是出于对大英雄的仰慕，抑或是不想见父亲为难，颜徵在羞涩地低下头，轻声细语地说道：“女儿在家自当从父，一切听凭父亲做主好了。”幼女的善解人意，让颜襄喜不自胜，赶紧差人回了媒人。

就这样，十五岁的颜徵在嫁给了叔梁纥。本就是老夫少妻，再加上感念颜氏的深明大义，婚后的叔梁纥对徵在照拂有加。然而，世俗礼义却是摆在他们面前难以跨越的鸿沟。因为成婚一年并未如愿得子，再加上两人的年龄相差悬殊不合礼法，颜徵在备受正妻施氏的排挤与世人的指指点点。好在有叔梁纥在，人们还不敢过多造次。

这一天为了求子，颜徵在随丈夫来到那尼山祝祷，却不曾想果然得了身孕。十月怀胎，这一年是公元前551年，混浊的黄河水，不知怎的忽然清澈见底，人们纷纷传说，这是圣人出世的征兆。周灵王二十一年的十月庚子日，几声嘹亮清脆的婴儿啼哭声打破了周遭的宁静，年轻的母亲颜徵在看着被丈夫抱在怀中的婴儿，腮边挂满笑容。叔梁纥发现，这个孩子有着不同寻常的头骨，它四周凸起，中间低凹，仿佛那远处的山丘，想到这孩子又是尼山求来的，叔梁纥说：“从今往后，你就叫孔丘，字仲尼。”

走过人生六十余载，叔梁纥终于得子承欢膝下。不料就在孔丘三岁那年，一场风寒夺走了叔梁纥的生命，这个本就走向没落的家族再也容不下这对孤儿寡母。为了能让儿子在清明正气的环境下成长，远离大家庭中复杂的人际关系与矛盾冲突，颜徵在毅然决定，独自将儿子带回曲阜择良而居，远离那是非之地。与此同时，因为不忍丈夫的长子因生母早亡，整日里要仰人鼻息、受人讥讽，善良的徵在也将孔丘的兄长，那个唤做孟皮的跛足孩子带在了身边。

就这样，母子三人踏上了前往都城的道路。选择曲阜，自是因为那里是徵在的娘家所在，没了父亲的孩子，总要有个支持、照拂他的家族。颜氏宗亲和鲁国，是他们母子最好的归宿。更重要的是，作为鲁国都城，这里是政治、经济、文化的中心，名师、典籍众多，这般好的学习环境，定能让孩子受益终生。

母子三人在曲阜城郊租了三间草屋，已经九岁的孟皮因为腿疾，总是被顽童欺侮，因此说什么也不肯再入私塾读书。好在颜徵在幼禀庭训，向来贤良温厚，便索性亲自教授孟皮。也正是因为颜徵在的慈爱，孟皮将她视为生母一般爱戴恭顺，对弟弟更是十分友善。

鲁国极重礼仪，祭祀仪式极为常见。孔丘曾跟着兄长看过人家的祭祀仪式，看得多了，便也记住了。不知怎的，这小小孩童竟会对祭祀如此上心。每每母亲教导兄长时，孔丘便独自一人，在院子里用俎豆和小木器煞有介事地搞起祭祀仪式来，并且不厌其烦。

母亲见孔丘喜欢，便在祭礼时带着儿子去参观、观察贵族习礼的活动。渐渐地，小孔丘开始利用身边一切可以利用的物件来模仿祭礼，

上香、献爵、祭酒、行礼、读祝等等，每一个步骤都像模像样。见儿子有如此好学之心，颜徵在心里很是欢喜，她开始诱导孔丘与孟皮一起读书。孔丘很是聪明，教他识的字片刻就能记住，本打算用半月学完的内容，几天的工夫他便记熟了。于是，颜徵在将父亲家中的书籍尽数搬到自家，并且利用草房置办了一间私塾。她收了附近人家的几个孩子，并因此得到了每家五斗小米和一担干柴的学资，这些足以让母子三人吃饱穿暖。

颜徵在教孩子们习字、算数和音律，也教孩子们学习礼节。聪慧的小孔丘不但自身学得快，还总是帮助其他人，成了母亲的小帮手。也许正是此时的积累，影响着孔丘日后办私学、兴教育。

在对儿子教学的过程中，颜徵在发现，孔丘对音律有着特殊的喜爱。于是她买来很多乐器，或是亲自演奏，或是请人演奏，抑或是任凭孔丘自己把玩。邻居们不理解，认为徵在的做法会让孩子玩物丧志，可徵在却认为，音律可以陶冶孩子的性情。孔丘也没让母亲失望，他天赋极高，悟性极强，很快就学会了吹、拉、弹、唱。也就是在这音符与节拍旋律的奏鸣中，孔丘由音与音之间的节拍，符与符之间的规律，逐渐对人与人之间千丝万缕的关联了然于心，或许这也是他以“仁”为核心的儒家思想形成的萌芽。

随着自己的苦心栽培和悉心教导，再加上小孔丘的天资卓越且努力肯学，颜徵在很快便发现，自己的学识恐怕再难以继续教导孩子。思忖良久，她决定将儿子送往父亲身边，跟着满腹经纶的父亲，孩子定能学到更多。

颜襄向来疼爱这个身世可怜却天赋异禀的小外孙，自己的毕生所学若能倾授于他，也不枉自己诗书饱读，便欣欣然将外孙留在家中。小孔丘机灵懂事，好学好问，颜襄越看越是喜欢。

如此，孔丘每日随侍外公左右，聆受教诲。这一天，颜襄对孔丘说：“你跟着我进修读书已有几年光景，如今进步颇多。你当致力做一君子，将来出仕为官，亦当尽守文武之法，远宗尧舜之道，顺天时，察地理，小则可以致民安乐，大则可以治国平天下。我已年老，精力日衰，想是看不到你日后成家立业，但若你能按我说的去做，他日九泉，我也能含笑瞑目了。”

不久，年事已高的颜襄在一场大病中离开了人世，孔丘悲痛不已，与母亲为外祖父守丧百日，方回到自己家中。

再后来，为了能让孔丘外傅佳堂，受到最好的教育，颜徵在苦心持家，开荒种粮，编鞋赚钱。无论日子有多难，她都努力为孩子撑起一片朗朗晴空。她从不抱怨日子的难捱，也不曾怨恨丈夫的早逝。她总是讲丈夫那些英勇善战的故事给孩子们听，希望年少懵懂的他们，能够感受到父亲的存在。然而整日的操劳，让这个本该风华正茂的苦命女子早早披上了白发。终于，在孔丘十七岁时，颜徵在撒手人寰。临终前她仍不忘嘱咐儿子要志存高远、心怀世人。孔丘按礼制将母亲与父亲合葬。母亲的栽培与慈爱，让他成为至纯至孝之人，而母亲悲苦且短暂的人生也影响了孔丘的一生。

家教理念

可以说，颜徵在是孔子的第一位启蒙老师。与生俱来的母爱，让一个年轻守寡的女子忍辱负重。生活的清苦和地位的低下不但没有消磨掉她的意志，反而让她更加坚强勇敢地将儿子造就成中国最伟大的人物之一。

在备受丧夫之痛与家庭压力的煎熬时，颜徵在毅然决定择良而居，为孩子创造良好的学习环境。她深谙学习的最好导师在于兴趣的道理，及时给予孩子引导和培养。更重要的是，她以自身的修养影响着孩子的言行。她也是开明的，当发现自己的学识再难帮助孩子成长，便另寻高明，让孩子尽情地汲取知识的营养。

以“诚”育子，以“信”传家

名人简介

曾子，名参，孔子的亲传弟子，也是儒家学派的重要代表人物之一。在儒学发展史中，他上承孔子之道，下启思孟学派，对孔子的儒学学派思想既有继承，又有发展和建树，被后世尊称为“宗圣”，是与孔子、孟子、颜回、子思比肩的五大圣人之一。

家教故事

鲁国，自古便是孕育圣贤的地方。那里曾是周公之子伯禽的封地，是孔子的故乡，是儒家文化的发源地。孔子门生众多，曾参便是其中一个。

曾参的父亲曾皙也是孔子的门生，自小受孔子思想影响的曾参天资聪慧、好学，从师后更加勤勉刻苦，小小年纪便在一众同窗中崭露头角。母亲上官氏更是对儿子寄予厚望，曾参也是极其孝顺的，从不让父母为之操心。

一天，村里传言，说是有个叫曾参的年轻人在外乡杀了人。要知道，曾家父子都能拜在圣人孔子门下，这在当时是多么令人艳羡的事情，曾参自然早就成了村里众所周知的少年英才。如今却传来这等骇人听闻的消息，众人都不禁震惊且惋惜。有好心的邻居路过曾家，忍不住将听到的传言告诉了曾参的母亲，上官氏不信，那人却说："不会错的，我虽没亲眼见到那杀人的凶手，却是在案发不久亲耳从一个目击者那里知道杀人的凶手确是叫曾参。"上官氏听了，仍旧坚定地说："我儿自幼心地善良，又师从圣人孔子，怎会做下这等错事，那杀人的必定另有其人，你不必再说。"那人见上官氏如此反应只得悻悻而返。

此时的上官氏不惊不慌，安之若素地坐在机杼前织布，前一刻邻居的话似乎并没有搅乱她的心神。可是布还没织出一寸，又听到一阵敲门声，上官氏只得又起身开门。这敲门的正是前街商铺的老板娘，泼辣强势却有着一副热心肠，也是持家的一把好手。上官氏常去她那里买线，或把织好的布匹拿去寄卖，一来二去彼此便熟悉了。门一开，老板娘便拉住上官氏的手："曾家嫂子，你快躲躲吧，听人家说……说你家曾参在外乡杀了个人，这官兵怕是早就在来的路上了，看不见曾参在，定是要抓你回去，到时候免不了要受皮肉之苦。"上官氏知她心直口快却是好心，便笑笑说："不会的，我家曾参定不会杀人的，怕是什么人听错了，把这罪名按到我儿头上。你且回去吧，莫要替我担心，不会有事的。"看上官氏如此淡定，老板娘也不好再说什么。上官氏坐回机杼旁，不禁将邻居和老板娘的话回忆一番，一面穿梭引线一面在口中念叨了句"不会的，我儿应该不会做杀人的错事的"，便又继续织起布来。

没多大工夫，又是一阵急促的敲门声。上官氏不由眉头深锁，略有些心慌。开了门，见一个跟儿子年纪相仿的少年满头大汗站着。这人她认得，曾与儿子同窗共读，是儿子很好的玩伴。果然，少年一开口也说了类似的话："大娘，您可知道村里的人都说曾参在外面杀了人了，起先我还不信，可是知道的人甚多，说是有人亲眼见着了是你家曾参。"听到这里，上官氏心跳骤然加速，与少年简单说了几句便关紧了院门。几次三番来人相告，纵使她深信儿子的品性也难免有所怀疑，于是，她顾不得织了一半的布，架了梯子越墙离去。

毕竟是人命关天的大事，消息很快传得远近皆知，自然也传到曾参耳中。担心母亲为此事受累，曾参连夜赶回家。果然，空荡荡的家中，只剩下那架老旧的机杼和织到一半的布。曾参转身关了家门，便去亲戚家寻母亲。

母子相见，上官氏泪流不止，不禁责怪起儿子来。曾参心中感到委屈却仍旧劝慰母亲："儿子自小由母亲养育长大，母亲自是了解儿子。儿子怎会做那杀人的狂徒，此事定是有什么误会。母亲可愿与我回去，也好弄清楚此事的来龙去脉，还儿子一个清白？"上官氏自是愿意相信自己的儿子，可是人言可畏，这么多人前来相告难免让她乱了方寸。最终，她还是决定与儿子一起回家，看看真相究竟是怎样的。

还没到家，却听得消息，这杀人的凶手叫曾参没错，可并非自己的儿子，而是这费邑一个与儿子同名同姓的人。总算真相大白，母子俩皆松了一口气。从那以后，曾参对谣言极为反感，凡是从别人口中听得的传闻，他都要加以考证，绝不轻信，也不散播，以免对他人造成如自己当初那般的困扰。

有一年深秋，眼见着天气日渐寒冷，曾参的妻子正在赶制一家人的冬衣。袖子缝到一半，却发现所用的针线已经不够，于是起身想要到集市上买一些回来。还未出院门，却被儿子一把抱住，小孩子撒着娇央求母亲带他一起去逛集市，好顺便买上一些点心回来，饿的时候解解馋。儿子的心思母亲哪里会不知道，可家里哪还有多余的钱给孩子买点心？再者，这冬衣再不做成，一家人怕是都要挨冻了，哪里有时间慢慢逛。打定主意，她弯下身子摸摸儿子的头："好孩子，娘去买了针线给你做冬衣，一会儿的工夫就回来了，你在家里玩，好不好？"小孩子哪里肯，抱住母亲的手臂不松，嚷嚷着非要跟着去。正不知如何是好，一回头，妇人看到了自家猪圈中喂养的猪，便对儿子说："好孩子，你乖乖听话，在家里一边背书一边等着娘亲，等我买了针线回来，就杀了这猪炖肉给你吃可好？"孩子一听，高兴得不得了，拍着手，笑着，跳着。总算摆脱了儿子的纠缠，妇人赶紧出了家门。

小孩子总归是容易哄的，娘亲出了门，他便真的乖乖回到房间背起书来。这天他背起书来分外勤快，一会的工夫便背下一整段，于是开心地跑到父亲身旁。曾参一直在房间里，并没有听清母子俩的对话，见儿子如此高兴难免起了好奇心，便问道："母亲可是允你什么好事了，竟这般高兴？"见父亲询问，孩子眼睛亮亮的，爬上父亲的腿，赶紧把这开心的事情与父亲分享。"爹爹可知道，刚才娘亲出门前答应我，我若在家乖乖背书等着她，她回来便给我炖肉吃！"曾参一头雾水："哪来的猪肉？""就是院子里那头猪啊，娘亲说要杀来给我吃呢。"曾参恍然，明白了妻子的意图，他看看儿子眼中的期待和兴奋，沉吟片刻，随后起身来到厨房。

儿子跟在曾参后面，只见曾参拿出一把又长又大的刀在石头上不停地磨了起来，磨到一半妻子回来了。见丈夫磨刀，她呆愣了片刻，忙问："你这是在做什么？""夫人不是答应了孩子，回来后要杀猪来吃，我在磨刀准备杀猪啊。""这……我……我那是诓孩子的玩笑话，怎可就当真了呢！再说，这猪还太小，如今又不到年节上，现在便杀了，可

怎么使得?”曾参抬头看了看妻子和一旁的儿子，那孩子听了母亲说的话早已流露出失望的神情。于是，曾参将妻子拉到房间里，对妻子说：“夫人怎可随便与孩子说玩笑话，孩子尚没有判断是非的能力，我们说什么他们便信什么，这也是为人父母与孩子之间最为起码的信任，如若我们今天骗了他，岂不是教他以后再不要相信我们的话，教他以后也可这样去骗别的人，那么往后我们又该怎么去教育他呢?”妻子听了曾参的话，觉得有道理，尽管觉得可惜，也没有再阻拦。这一日，曾家的晚餐上多了一道香喷喷的炖猪肉，一家人开心而满足地享用着美食。

曾参通过勤勉努力，最终成为孔子最出色的学生之一。他一生坚守正道，成为儒家思想的传道者。他的品行受世人敬仰，被后世称作曾子。

家教理念

曾子一生都在践行儒家观念中的仁义礼智信，对父母他至纯至孝，对谣言他不卑不亢，对孩子他信守承诺，对师长他恭谨谦卑……

谣言是引起校园暴力的一种因素，也是校园暴力的一种形式。随着信息化的不断发展，谣言的传播形式也不再简单地拘泥于口口相传，网络成为谣言最快捷、最广泛的传播渠道。孩子的判断能力和鉴别能力较弱，往往容易受到别人的挑唆，或出于消遣、娱乐、好玩的心理盲目跟风。因此，作为家长，我们应该时刻提醒孩子，不做谣言的制造者和传播者，学会用理智的思维鉴别传言的真伪，冷静地处理人际关系，学会尊重他人，无论是在日常生活中还是网络世界里，都要做到慎独、慎微、慎言、慎行。

另外，为人父母者也应如曾子一般，即便是对待子女也应做到言而有信，用我们的实际行动帮助孩子树立诚信意识，“不因少小而诓之”。

“曾子杀猪”与“曾参杀人”的故事都教育孩子要言而有信、诚实待人，不散播谣言，不道听途说。同时也提醒家长，自己的言行对孩子的影响是不容忽视的，要时刻约束自己。

择邻而处思虑深远，督学教子当机立断

名人简介

孟子是中国封建社会正统思想体系中地位仅次于孔子的人，被尊称为“亚圣”。

孟子系贵族后裔，平民出身，幼年丧父，从小便与母亲相依为命。在母亲有意识的教育及培养下，孟子成为我国历史上又一个伟大的思想家、教育家。

在教育方面，孟子主张启发思维、循序渐进、专心有恒、因材施教。他的教育思想多见于《孟子》一书。

家教故事

清明，细雨蒙蒙。从前一日就下起的小雨，将那绽放了没几日的海棠打湿，落了满地的花瓣。年轻的妇人撑着伞，手里还牵着个小小孩童，踏着那满地的落英，匆匆朝着林子的某一处去了。那妇人一身素衣，挽着简单的发髻，一双明眸楚楚生动，却也难以掩盖那深刻在脸上的艰辛与坎坷。她手中牵着的孩童不过两三岁，天真烂漫的样子。

她是仉氏，娘家在晋国，据说先祖也曾是鲁国的名门。怎奈家道日衰，到了她这一辈，早看不出什么名门的样子。那一天媒婆来提亲，男方是鲁国三桓之一的孟孙氏的后裔，是个读书不少却不得志的书生。仉氏心气高，幼时读了些书，虽不多，却也因此想要日后能嫁个书香门第。想着这孟孙激虽家道中落，却是个读书人，仉氏便应允了。婚后不久，两人有了孩子，取名为轲。夫妻二人想尽法子，想让儿子日后能成为一个饱读诗书的有学之士。这一年，孟孙激为了能够光耀门楣，下定决心暂别妻儿远赴宋国游学求仕。一个怀才不遇的文弱书生就这样踏上了征程，却不料这一去竟是天人永隔。

这日，仉氏便是带着儿子去拜祭去世的丈夫的。想着要与丈夫相守，她和儿子就住在离丈夫墓地不远处的草屋中。本就出身平凡，又逢丧夫，母子俩日子过得艰辛得很，无非就是靠仉氏自己织布换些钱，仅仅够母子俩糊口而已。可她还是想以自己的力量，将儿子教养成一个有用的人。

母子二人居住的草屋在鬼村，这里坟茔处处，总有丧葬之事。附近村落的孩子们常会跑过来玩闹，对丧葬之事看得多了，便开始仿着大人们出殡送葬的模样，玩起抬棺材、掩埋死者的游戏。偏偏这小孟珂是这群孩子中模仿能力最强的，每每与其他孩子玩闹时，他都煞有介事地或扮演死者躺在泥土中任凭其他孩子掩埋，或扮演死者的家人，哭天抢地地对扮演死者的孩子行三跪九叩之礼。仉氏看到儿子如此行径，甚是担忧。她突然意识到环境是会影响孩子成长的，整日里见到的都是这般乡野里的荒诞俗事，难不成要他日后成为替人家办丧事的殡葬师？于是，仉氏心中萌生了离开鬼村的想法。

她要慎重地为孩子选一个好的住处，一个能让孩子见世面、通人情、长见识、达事理的好住处。于是，母子二人怀抱家当离开了鬼村。离村落不远，就是这附近最为繁华的集镇。仉氏心想，这里如此繁华，比那闭塞的鬼村通达不说，往来的商人、学者也数不胜数，孩子在这生活，想必能接触到很多能人异士。再者，自己纺了布匹也可就近在集市上变卖，再不用奔波两地，让孩子也跟着受苦。就这样，仉氏带

着儿子留在了这集镇中。小孟珂聪明伶俐，很快便同街巷中年龄相仿的孩童打成一片。仉氏待人诚恳、性格柔顺，自然也备受街坊邻里的照拂。无论是人来人往的繁华景象，还是喧嚣闹市中商贩们的讨价还价，抑或是屠户们杀猪宰羊的热闹场面，都令小孟珂新奇不已。而模仿，永远是孩子的本能与天性。小孟珂开始与伙伴们玩起了买卖的游戏，他们学小商贩的叫卖吆喝声，学三姑六婆讨价还价的样子，甚至学那些屠夫们杀猪宰羊时粗犷的架势……最让仉氏难以接受的是，孩子们在模仿屠夫宰杀牲畜时，会推选出一个人来当牛羊，小孟珂就曾被当做待宰的羔羊任凭其他孩子摆弄。生性好强的母亲哪里能够忍受儿子这样粗俗的玩闹。她想着让儿子在这繁华的市井增长见识，却不想让儿子沾染市侩之气，她想让儿子在这里接触一些有本事的能人，却并不想让儿子成为唯利是图的商人。于是，她开始第二次计划搬家。小孟珂对母亲的想法很不解，他喜欢这里的伙伴和邻居，不想离开，却终究难抵母亲的坚决。

这一次，母子二人抱着行囊路过了一处学宫，这学宫便是后来的

“子思书院”，是圣人之孙孔伋讲学的地方。还在对母亲搬家的决定耿耿于怀的孟轲，突然被学宫中的朗朗读书声吸引。他跳到学宫门口，矮小的身体趴伏在朱漆大门上，透过缝隙向院内张望。儿子的行为一下子提醒了仉氏，这不就是自己所希望看到的？她和丈夫曾多么希望孟轲能够成为学富五车的博学之才。这学宫附近，往来的都是气韵高雅、风姿从容的读书人，他们的举止和谈吐定能影响儿子，让儿子爱上读书，他日也成为一个儒雅君子。于是，尽管屋舍简陋破旧，仉氏仍然决定要住下来。就这样，小孟轲每日都会跑到书院，远远地躲在角落里，看着里面夫子教授学童们读书习字、习礼作乐。小孟珂模仿着自己看到的，整日里或摇头晃脑背诵那些听来的句子；或学着老夫子的模样，端庄肃穆地演习进退、揖让的各种礼节，甚至用泥巴做成杯盘盆鼎等礼器，在家中认真演习。这一切被仉氏看在眼里，心中十分欢喜，觉得总算不枉自己三迁居所、择良而居的苦心。

慢慢地，孟轲到了入学的年龄，仉氏更加努力地织布赚钱，终于省吃俭用把儿子送入学宫。孟轲确实天赋异禀，但也因此比其他孩子贪玩些。对读书的那些新鲜感一过，便没了耐心。这一日，竟跟着几个年长的孩子逃学到外面玩耍去了。玩得累了、渴了，几个人便各自回家。正在织布的母亲抬头看看天色，又看看满头大汗的小孟珂，这时间他本该坐在学堂里听夫子讲学才对。于是问道：“怎的这时候就回来了？”小孟珂低下头，不敢作声也不敢看母亲。仉氏又问：“夫子教给你的《论语》可背熟了？”“背——背熟了。”“那背给我听听。”小孟珂疯玩了一个下午，哪里还记得夫子教的什么《论语》，支支吾吾道：“子曰：‘学而时习之，不亦说乎？’——子曰——子——子曰——”仉氏见状痛心不已，拿起手边的剪刀，一刀将织了大半的布从中间剪断。小孟珂着实被母亲的举动吓坏了，但听母亲说：“这布要一丝一线地织、一寸一寸地累积，最后才成，再经过精心裁剪最终成为合体的衣物。你如此荒废学业，跟我将这织了一半的布剪断有什么分别？线断了，布再拼接不起来，即使勉强缝缝补补，也不能成为上品。织布同

做学问是一个道理，你如此不专心，这般浅尝辄止、半途而废，又怎能将知识融会贯通？想那君子之所以求学，无非是想有朝一日学有所成罢了，像你今日这般废学，轻视夫子对你的教诲，无视母亲对你的期待，是不是日后只想做个强盗、厮役之流？”

尽管从始至终母亲都未责罚孟珂，但她的这番话语却在孟轲的心中留下了鲜明印象。小孟珂仿佛一下子开了窍，从此便孜孜矻矻，唯读书是务。他也没有辜负母亲的期望，最终成了继孔子之后的又一圣人。

家教理念

孟母仉氏一生克勤克俭，含辛茹苦将儿子培养成才。丈夫亡故后，她没有苟且过活，而是执着地培养儿子。作为一个成长于封建社会的妇人，也许她并不通晓诗书，却深知读书与教育的重要性，这种意识可以说是前卫的。

《三字经》中有这样的叙述："昔孟母，择邻处；子不学，断机杼。"可见，孟母仉氏是个善于思考、颇有见地且思虑深远的妇人。她对培养儿子成才抱有很大的决心，并有自己坚定的信念。在孩子模仿送葬哭丧的样子时，她觉察到环境对孩子成长的影响，并在生活环境不足以让孩子接受良好教育的时候当机立断，避免不良因素继续影响孩子。而在做出迁居的决定后，她又能够慎重权衡，为孩子择邻而处。她对孟轲的成长不仅有所期望，还在其成才过程中合理规划与安排。尽管她只是一个柔弱的母亲，但仍努力通过自己的力量，不断地为孩子营造良好的读书、生活环境。

然而，我们知道良好的主观愿望并不一定都能够取得良好的教育效果，教育的方法在其中会起到重要的作用。"孟母断机"的故事中，眼见儿子贪玩逃学，仉氏却并没有责罚打骂，而是循循善诱，借助孩子眼能所及的生活事物来讲道理，让孩子很快产生共鸣并意识到半途而废的可惜。

从孟母教子的故事中，我们还应受到这样的启发：孟母教子的重点并不在这个"迁"字，而更多的在于孩子的"学"。如今很多家长拼尽全力为孩子选购"学区房"，并将之与"孟母三迁"相提并论，其实并非有了"学区房"就万事俱备，如果孩子"不学"，纵使"东风"来了也是无用。可谓"纵孟母，择邻处；子不学，有何用"？

王羲之夫妇教子持之以恒

名人简介

王羲之，东晋著名书法家，有“书圣”之称，他所书的《兰亭序》被誉为“天下第一行书”。

在对儿子王献之的培养上，王羲之花费了很多心思，最终王献之不负众望，在书法史上与父亲王羲之合称为“二王”，并被世人称为“小圣”。

家教故事

东晋重臣郗鉴膝下有两子一女。女儿郗璿到了成婚的年纪，郗鉴便整日里琢磨要为她择一户好的人家，一户配得上郗家世代善书门风的好人家，一户不枉女儿“女中笔仙”好才情的人家。

几日的思忖，郗鉴想到了琅琊王氏。先不说当朝丞相王导的声望，这魏晋名门琅琊王氏，乃是出了名的以诗书传家、孝悌为本，因此也是人才辈出，世系绵长。况且早就听闻王氏子侄个个俊逸非凡，想必女儿嫁过去定是不会错的。

打定了主意后，在王导的应允下，郗鉴慧眼识珠选中了王羲之做自己的东床快婿。王羲之与郗璿志趣相投，婚后可谓琴瑟和鸣。

王羲之为人豁达文雅，醉心于书法之美。这一天早已过了午饭时候，郗璿担心丈夫又因为练字而忘食，便端着茶点走进书房。一进门，便见丈夫将目光专注于执笔的右手，左手拿着的却是早已被墨汁浸染得面目全非的馍馍。眼见着丈夫将馍馍送入口中，来不及阻止的郗璿却听他说："夫人今日的饭食想是费了不少心思吧，这酱汁的味道与往日有所不同，我吃着更觉得可口呢！"说完，又拿着馍馍看也不看地在砚台里蘸了蘸。郗璿笑着走上前，夺过丈夫手中的馍馍打趣道："夫君可是吃出了这馍馍里的墨香气息？"听夫人如此说，王羲之方才抬眼，先是看了看身旁掩面而笑的夫人，又看看夫人手中墨黑的馍馍，呆愣着……

就是如此这般的精研苦练与持之以恒，王羲之终是成就了一代"书圣"之名。他与妻子共育有七子一女，在夫妇二人的教导下，七子也是"皆得家范，却体各不同"。人们常说羲之七子中，凝之得其韵，操之得其体，徽之得其势，涣之得其貌，献之得其源。而其中，成就最高的就是与父亲齐名的"小圣"王献之。

献之自幼聪明伶俐、天赋异禀，从父习字练书，也是少负盛名。一次，王羲之趁着献之练字时，想悄悄从后面抽去儿子手中的毛笔。可献之握笔很牢，父亲没有得逞。王羲之很是欣慰，料想这孩子日后定能成大器。

虽是王羲之最小的儿子，献之却受到了最多的关注和赞许。这一天，桓温上门拜访，见了小献之便拿出一把扇子让他在扇面上写字。小献之挥笔便写，却因笔误在扇面上留下了一个污点。桓温不作声，想看看这孩子会做何反应。却不想，小献之眼珠转了转，便借着那污点在扇面上勾画出一只栩栩如生的小牛来。桓温见了，自是赞不绝口。

可献之毕竟年纪尚幼，心性不定。在听多了父亲和他人的赞许后，不免沾沾自喜。知子莫若父，献之这日渐骄傲的小情绪怎能逃得过王羲之的眼睛？王羲之早早便想好了对付儿子的计策。

这一日，小献之又偷偷溜到山脚下捉鱼，玩得酣畅淋漓后，满头大汗地跑回家，一进门便撞见了父亲。王羲之只装作不知道，关切地问道："献之这几日可练字了？"满腹小聪明的献之得意之色难以掩饰，他早料到父亲会询问他的功课，因此做好了自觉万全的准备后方才出去玩。"练过了，父亲！"他自信地回答，还主动拿出自己的习作递给父亲，歪着脑袋等待父亲的夸奖。却不料，这一次父亲非但没有夸奖他，反而边看边不住地摇头。果然如王羲之所料，献之的字退步了许多。王羲之看了看儿子，严肃地说："献之，这写字并不难，可想要写得好也并不容易，是要花工夫的。你还要勤加练习才是。"许是被父亲的严肃所震慑，小献之果然收敛了许多，又开始了枯燥的练习。可孩童心性总是贪玩，小献之终是耐不住，跑去问父亲："父亲，我的字已经练得这般久了，您说是不是很快就能练成了呢？"王羲之摇摇头："还差得远呢！""那我什么时候才能练到像父亲一样，提笔之下'飘若浮云，矫若惊龙'呢？父亲您定是有什么秘诀的，快说给献之听听！"看着献之稚气的目光，王羲之笑笑，指着院子里那一口口铜褐色的大水缸，说："这写字的秘诀嘛，待你写尽这十八缸水，便会知晓。"

小献之虽似懂非懂，却也想要看看这缸里究竟有何秘密。这一练便是五年光景。那一天，献之兴奋地拿着自己刚写好的字，献宝一般捧到父亲面前。"这一次，父亲总要满意了吧！"他心想。却不料，满怀的信心再一次被父亲不住的摇头给浇灭。父亲不作声，直到翻到一个"大"字，才提笔蘸墨，在下面添了一点，便没再说什么。小献之不明就里，默默走开，拿着字去找母亲，想要从母亲那得到一些宽慰。母亲拿着献之的字仔细翻阅，突然指着一个“太”字慨叹道：“吾儿磨尽三缸水，唯有一点似羲之。”

讶异于母亲的话，献之探头去看，这一点可不正是父亲方才提笔加上去的。他一下子感到莫名的失落与泄气。见儿子低头不语，郗璿明了，这一次献之的骄傲之气怕是已经消磨殆尽了。于是，耐心地对他说：“这练字是马虎不得的，须得下得苦功方能像你父亲那样有今日这般成绩。你父亲像你这般年纪时，虚心临摹诸家字样，取各家之长，才成了今日自己的风格。为了练字，走路也好，休息也罢，他时常用手在身上比划、揣摩，也不知究竟写破了多少衣衫。还有那园子里的池水，也是因为无数次清洗他的砚台，变成了如今的黑色。所以啊，

孩子，做什么事都急不得，切不可好高骛远。要如你父亲这般，一点一点来。”献之听了很是惭愧，终于明白了父亲说的那十八缸水的秘密是什么了，也意识到自己与父亲的差距究竟在哪里。王羲之见状，语重心长地对献之说：“书法本就没有什么秘诀可循，无非就是‘功夫’两字罢了。你要怀着一颗恒心，功夫下得深了，自然也就能够成才了。”

听了父母的教诲，献之总算定下心来，开始不懈地苦练。这一天，献之又写了一幅字，恭恭谨谨递给刚刚外出回家的父亲过目。猛地拿

到儿子递过来的字，王羲之差点以为是自己的字迹，这一次，他终于对儿子露出了肯定的笑容。

后来，王献之也成了像父亲一般的书法家。他的书法下笔熟练、飞舞风流，如“丹穴凰舞，清泉龙跃”。

家教理念

王羲之，“仰观宇宙之大，俯察品类之盛”的兰亭名士，笔势“飘若浮云，矫若惊龙”的千古“书圣”，出身琅琊王氏书法世家，秉承家风，礼法持家，以孝悌为本，以信德为诚。

在孩子练习书法时，王羲之以身作则，教导孩子持之以恒。那错蘸了墨汁放进口中的馍馍，那被砚台染黑了的池水和那一件件被手指磨破了的衣衫，都被孩子们看在眼里。也因此，父亲的话就更加有分量。生活中，我们总是不忘提醒孩子要勤学，要苦练，要多读书……自己却总是拿着手机刷微博、逛朋友圈。如此，恐怕你磨破了嘴皮孩子也无法领悟要怎样勤学、如何苦练。

王羲之注重对子女的教育与培养，及时发现了少负盛名的儿子内心萌生的自满情绪。想想近年来，我们常常看到这样的新闻：本是小神童，却因父母教导不当，最终成了高分低能的分数机器，离开了父母就无法正常生活；或是因为父母的疏于管教，始终沉浸在自己的小成就中，最后一事无成。王羲之为我们阐释了如何正确教育和引导那些“少负盛名”的孩子。在献之初露头角时，他给予肯定和赞许，却能正视孩子的成绩；在他沾沾自喜时，及时给予警醒与引导，最终帮助孩子成长成才。在帮助孩子全面发展的过程中，作为家长，我们除了要注重孩子学科技能的提高，更应该关注孩子成长过程中心理和自主意识的变化，给孩子正确的引导和帮助。

宗文或宗武，因材而施教

名人简介

杜甫是唐代伟大的现实主义诗人，他与李白合称“李杜”，被后人称为“诗圣”，而他的诗也被称为“诗史”。

杜甫一生诗作颇多，他的诗中包含一些“家训诗”：以诗的形式，蕴含儒家礼教，表达和寄予对子女的关怀与厚望，如《宗武生日》《熟食日示宗文宗武》《又示两儿》等。

家教故事

十年奔走，旅食京华。眼见那权贵公卿的荒淫腐朽、豪门亲族的骄纵狂妄以及官场仕途的黑暗无耻，杜甫心中愤懑难平。生当乱世，风无定，人无常，自己就如那水上浮萍一般，居无定所，遭人冷眼。杜甫有些想念家人，他想回去看看久别的妻子和孩儿，想结束这飘零落魄的旅居生活。于是，他踏上归途，由长安往奉先。这一路，落叶满城，已是深秋，路旁难抵饥寒的尸首掩埋了大唐往日的繁华与荣耀。只有到了那骊山脚下，华清宫旁，才能重见往日的繁华，让人不禁醉享锦绣太平。

赶了几日的路，远远看见自家屋舍近在咫尺，杜甫不由得加快了脚步。小小县城比不上都城的繁华，如今这一路的哀愁哭闹却并不比长安少。杜甫心中隐隐不安，脚步便更加急切了。蹚过一路饿殍，好不容易来到自家门前，却听得一阵酸楚的哭喊貌似由内室传出。杜甫有些慌了，他推门走进院子，宗文和宗武两个孩子瘦小的身体躲在内室的房门后，见了杜甫喊了声“爹爹”，屋里的人应声看向风尘仆仆的他，安静了片刻后，哭声更加沉重刺耳。内室里，邻居大嫂正抱着杜甫妻子一边安慰一边掩面哭泣，而妻子死死抱着的是他还未满周岁的幼子，这孩子躺在母亲怀中，没有一点生命气息。耳朵里一阵轰鸣，混杂着那哭喊声，仿佛在脑中骤然炸裂，杜甫几欲眩晕，扶着那破旧的房门缓了好一会儿，才有所好转。

想不到的是自己与这孩子的父子缘分竟这般浅，自他出世便没怎么照看，如今远归，本想一家团聚，靠着几亩薄田过活，却不想天人永隔。纵使笔下再有波澜，也写不尽这世间疮痍、自己半生飘零的苦楚。报国无门的痛苦，不为人知的孤独，如今都抵不过这丧子之痛。想那骊山行宫中的歌舞尽兴与饮馔丰美，真是“朱门酒肉臭，路有冻死骨”！自己再不济也有那八品官职在身，那平民百姓呢？只能够任人宰割、等待死亡吗？杜甫不禁怀疑，年少时那些“致君尧舜上，再使风俗淳”的抱负与理想，是否真是多余了。

靠邻居们帮忙，孩子终于下葬，妻子的痛还没来得及纾解，胡人的铁蹄就已逼近长安。意欲奔赴行在的杜甫为乱军所俘，几经周折总算脱险。几年的颠沛流离，乾元二年，杜甫决定弃官西行，一家人度陇入蜀，最终定居草堂。

在成都，靠着朋友们的接济与照顾，杜甫与妻儿总算过上了草堂茗香、遮日吟风的田园生活，日子尽管一贯的清苦，但能够安定下来总是好的。可对于一个胸怀抱负、忧国忧民的诗人来说，究竟什么是安定的日子呢？前一刻尚是“老妻画纸为棋局，稚子敲针作钓钩”的归园田居，下一幕便出现“床头屋漏无干处”的窘迫。杜甫仍旧心有不

甘，且不说自己士族出身，世代为官，便是那“奉儒”的家学传统也不能消亡在自己这一辈啊。他抬眼看看浣花溪畔玩耍的两个孩子。年长的宗文是长子，按理说这祖业的传承应该落在他的肩上，从孩子的名字也不难看出，他本是被杜甫寄予厚望的。可杜甫早就发现这孩子擅长的并非诗文。他不恼不怒，并没有强迫孩子为学上进，只愿他能平安度日便好。于是，他经常带着孩子们洒扫庭院、整理家务，或是捕鱼垂钓、种树除草。他想要通过这些活动让孩子们了解稼穑的不易，也以此着重培养宗文管理家事农务的能力。更重要的是，这样的时光，最能帮助弥补他们父子多年离别的生分。而宗武，这孩子天资聪颖，从小便活脱脱像一匹小马驹，近年来在杜甫的有意培养下，读书研学已初见成效。杜甫曾拿着宗武写的几首小诗让友人们评说，起初大家或许还因着杜甫的缘故不便直言。慢慢地，由衷的肯定与赞许越来越多。杜甫的目光汇聚在小宗武身上，想必杜氏一族的家业是要交给这个“小马驹子”了。于是，他开始更加精心地为宗武挑选适合他学习的书籍，设法帮他夯实基础，提高他对诗文的理解能力。

在草堂居住了四五年的光景，期间因叛军暴戾、武人专横，杜甫辗转去往绵州。但即使不能面命宗武，他也会借诗提点儿子增进学业。

再后来，因为长期与弟妹失去联系，对家乡的思念，对故土的眷恋，驱使杜甫再次携家北去。一路辗转，滞留夔州，漂泊荆湘，尽管一路上波折不断，但其间杜甫不断培养教导着两个孩子。

已是少年模样的宗武，在父亲的督导下整日里手不释卷，即便忍饥挨饿，人们也时常看见他手持一本《文选》在那认真研读。后来宗武跟着父亲学了很多药理知识，对药性颇有知晓，在杜甫病重时，还曾代父卖药赚取家用。这一年宗武十五岁，杜甫拖着沉重的病体为儿子庆生。一首《宗武生日》诗，杜甫寄予了自己为人父母的期许与企盼。他勉励宗武牢记“诗是吾家事”，将家业发扬和传承下去，并告诫宗武，莫要觉得年轻便可懈怠懒惰。他把自己对宗武满满的爱藏在诗中，也将家业传承的重任压在宗武的肩头。而因着杜甫的因材施教，长子宗文也非无用之才。他谙熟家事，帮助父亲打理家务，养家糊口。

家教理念

杜甫，生于盛唐，长于士族之家，祖父杜审言是唐代有名的诗人。三十五岁前，杜甫饮酒作诗，人生快意，却在之后眼见着家国衰败。仕途受挫，儿子早夭，杜甫一身抱负至死也不能施展。于是，杜甫把家业传承的希望寄托于子女身上。他的目标很明确：奉儒学、重仁义、扬孝道，最重要的是“诗是吾家事”。他重视对儿子文学才能的培养，更知道因材施教，不将自己的意愿强加给孩子。在孩子们的成长过程中，他根据他们具有的不同禀赋，相应地调整自己的教育思路和培养方向。

而与孩子们捕鱼种树、洒扫垂钓，看似悠闲游玩的活动，却也是杜甫别有深意的教育方式。这样做，既寓教于乐，也能让孩子明白稼穑之艰辛，更重要的是，在不知不觉中引导长子宗文学习处理家务农事。这样的做法好过直接否定孩子在诗文上的天资不足，让孩子避免遭到打击、引起自卑情绪。

实现理想不走捷径，立身处世知耻知足

名人简介

范质，自幼聪明好学，饱读诗书，博学多闻。他一生为官清廉公正、作风正派，因性情耿直深得朝野敬仰，五朝为官，两朝为相。

他的《诫儿侄八百字》从“学立身、学干禄、远耻辱、勿旷放、勿嗜酒、勿多言”几个方面教育后辈，教给他们做人应该具备的基本素质和立身处世的原则。

家教故事

陈桥兵变，后周灭亡，赵匡胤黄袍加身建立了大宋王朝。范质本是后周重臣，后追随赵匡胤成为北宋的开国宰相。

范质其人，少时聪慧，九岁便能诗文，十三岁精读《尚书》，后开始收徒授课。二十二岁得中进士后，入仕后唐。后唐灭，于后晋天福年间为监察御史，后升至翰林学士。公元947年，契丹灭后晋并占据中原，河东节度使刘知远利用契丹烧杀抢夺而失民心的机会于太原称帝，建立后汉。其间，范质以其文词事理受人称道，于后汉加封为中书舍人、户部侍郎。然而后汉王朝立国仅仅四年便因统治者的残暴与多疑招致灭国，公元951年，后汉开国功臣、顾命大臣郭威反叛，建立后周王朝。郭威称帝后，治国有方，重用范质，后范质为后周宰相，世宗更在临终前托孤于他。陈桥兵变后，范质审时度势，见后周大势已去，遂拥立宋太祖，成为北宋宰相。范质才华出众，清正廉洁，处事公允，一生历经五朝，在王朝的频繁更迭中，在不休的争战与亡国时，始终受到当朝者的重用，并深受朝野敬仰。

范质有一兄长名为范正，英年早逝留有一子范杲。范杲自小长于叔父膝下，与范质虽为叔侄却情同父子。在叔父的教导下，这个身世可怜的少年从小刻苦，读书勤勉，十岁便能属文。后来，因为生父曾任青州从事，范杲凭借荫补入朝为官，执掌寺庙祭祀、洒扫等杂事。

也许是因为身边有官至宰相的叔父做榜样，也许是因为自小没了父亲的可怜身世，让范杲急于成就一番功名。小小一个太庙侍郎怎能满足他的欲望？于是为了能够升迁，范杲对公事极其上心，步步为营，凡是能够助他升官的机会绝不放过。然而一番精心算计，却并没能帮他平步青云，要说那朝中官员、门阀子弟，也并非都是泛泛之辈，想要在这些人中崭露头角而出人头地，单靠自己的努力怕是要等到猴年马月。此时的范杲急需一个时机，一个能够展示自我的时机。可是，时机可遇而不可求。范杲心想："与其这般被动地坐等时机到来，倒不如自己主动一点，毛遂自荐，即便被认做口出狂言之徒，也能让陛下发现我的存在，那时候势必会多加关注于我，我只要加倍努力证明自己所言非虚，不日便会受到重用，倘若皇上因为叔父的薄面，忽略了我的冒失而愿意给我一个机会，岂不更好。"想到这里，范杲当即研墨，写了一封给太宗皇帝的自荐书。

很快，这份奏疏便被呈送到太宗手里，范杲先是对太宗一番恭维，紧接着便以东方朔自比，认为自己之才堪当大任，希望得到太宗的垂青，委以重任。太宗知其身世，见其文章颇有宰相范质之风，从其过往处事来看确是难得的人才，如今又敢于自荐，看来信心十足，于是亲提其为知制诰。范质得知此事，对侄子的行为未置可否，可他心里认为，侄子的做法过于鲁莽，人再有才气也应脚踏实地、稳扎稳打，可如今太宗对其行为并未否定，自己也不好说什么，以免打击侄儿的进取心。

然而虽说略有升迁，可这知制诰不过是代行中书舍人草拟外制之职的小官，仍旧与范杲的目标相差甚远。没过多久，心高气傲的范杲又开始不安于现状，一心想着如何能升迁。范杲为官的才能高低尚且不论，治家之道却并不怎样，常常靠借钱度日。范杲有一个舅父曾做过唐德宗的京兆少尹，此人家财颇丰但为人小气，与范杲也不曾有过多的来往。范杲听一位亲戚说，舅父如今年事已高，心性早不同当年，对人不再吝啬，近年来挥霍的钱财不计其数。这样的消息不禁让范杲心动，如果他能够调往京兆，不但可以沾上舅父的光还清债务，往后的日子也就衣食无忧了，况且这京兆之地富庶，是个不可多得的好去处。于是范杲上书太宗，说舅父年老，希望皇帝能够恩准其迁至京兆，好照顾舅父颐养天年。太宗感念他的孝心，便允了他工部郎中的职位，不日前往京兆。本以为升了官、迁了家，又有家财万贯的舅父做依靠，以后的日子会好过些，却不想一到京兆，范杲便吃了舅父的闭门羹。这舅父非但不像那亲戚所言挥金如土，对待他这样一个穷酸且债务缠身的外甥，更是讽刺挖苦好不吝啬。更让人震惊的是，范杲发现舅父常常勾结贼人为非作歹收敛金银。在京兆的几年时间里，范杲着实悔恨当初的决定。后来叛卒刘渥作乱京兆，聚集了几百亡命徒，一路屠杀百姓、抢夺财物，使得吏卒解散。太宗震怒于范杲的无为，贬他为寿州知州。此时，范杲仍没放弃升官的念头，几次三番上书求官，起先见他文笔了得，太宗还曾擢拔他为史馆修撰，可见他仍不满足、屡屡求官，难免产生反感，便不再理他。

这时候的范杲仍然看不清时势，加之身边的同僚中一些人因为才干卓越官职都纷纷得到升迁，范杲升官的愿望更加强烈。见上书求官无果，他便想起在朝为相的叔父，于是连连致书相府，希望叔父能够借助其在官场上的权势，为自己升迁调职。范质对侄儿的一切行径早有了解，侄儿不谙世事、不懂官场规则的行为让他甚是失望。想想自己五朝为官，两朝为相，在战乱与各方势力纷争中能够保全至今，靠的不是依附强权的提携与偏袒，而是清正与实力。

一时气恼，范质将范杲的书信扔至一旁，完全不想理会。可是左思右想，这兄长遗子是自己从小教导的，如今他好高骛远自己也脱不了干系。于是，范质转回书房，书古诗一首，望能晓之以理。

一首《诫儿侄八百字》寄到范杲手中后，范杲通篇浏览，叔父于诗中讲述了自己的成长经历，从幼时读书到年少讲学，再到初登进士入朝为官，无时无刻不是脚踏实地，除了自己的努力他从不依靠他人力量。范杲明白了，叔父是想告诉自己，凡事要精勤修养，懂得戒骄戒躁，在朝为官更要懂得谨言慎行。想想那些自己曾经不放在眼里的同僚，如今一个一个被擢拔，正是因为他们将心思放在了为官为民上，而自己却一心只想着如何一步登天。自己为官数年虽换了不少职位，却实则毫无成绩可言。范杲想到自己曾夸下海口称自己的才能堪比东方朔，难免无地自容。自此，他再不自视才高，再不肆无忌惮毛遂自荐。

家教理念

范质的《诫儿侄八百字》流传千年，寄语子侄，躁进徒为。其中，“戒尔学立身，莫若先孝悌。戒尔学干禄，莫若勤道艺。戒尔远耻辱，恭则近乎礼”的意思是说，立世为人首先要懂得孝敬父母、友爱兄弟，想要求得高官厚禄就要勤勉钻研为官之道。做人要懂得远离耻辱、心怀恭谨，先人后己方为礼义；不能因为自恃才高就放纵自己的言行，谨言慎行方得始终。做事不能因为自恃功高而放纵，追求不切实际的功名，好高骛远只会事与愿违。

现如今，很多孩子如同范杲一样，生活条件优渥。他们不需要通过自己的努力，就可以上名校，入职名牌公司，有些人便因此胡作非为。这些孩子的家长意识不到，孩子的胡作非为是自己的一再纵容造成的，他们虽然给了孩子优越的生活与学习的条件，却并没有给他独自生存的力量与本事。范杲虽有进取心，却不懂得脚踏实地，总想着依靠他人走捷径。而范质的做法值得我们深思与借鉴，走捷径固然能得到一时虚荣，但想要稳定地立足需要的还是真本事。

作为家长，我们总是重视孩子的学习成绩，却往往忽略了对孩子德行的教育。我们应该培养孩子具有正确的善恶是非观念，让他们知道，知耻是判断是非的重要标准，自立自强、知耻知足是为人立世的基本准则。

端正金钱观，方言天下事

名人简介

范仲淹是北宋政治家、文学家、军事家、教育家。他为政清廉、体恤民情，但也因为自己的刚直不阿屡遭奸佞诬谤，数度被贬。除了政治上的才能外，范仲淹的文学素养极高，流传千古的佳句“先天下之忧而忧，后天下之乐而乐”即出自他的《岳阳楼记》。范仲淹著有《范文正公尺牍》，收录了他的家书三十六封，大都是关于教育家族子弟的。他的《家训百字铭》短短百字，却对后世影响深远。

在范仲淹的鞭策与影响下，他的四个儿子不但个个身居要职，且为官清正、为人纯善，深受世人称赞。

家教故事

父亲病逝那年，范仲淹不过两岁，作为妾侍的母亲日子越发难过，无奈之下带着范仲淹改嫁他人。本以为这样母子二人会好过一点，可养父家的兄长们却整日欺负范仲淹，日子仍旧过得艰难。面对“家人”的刻薄与冷漠，范仲淹暗自发誓，日后定要金榜高中，带着母亲自立门户，不再过这种暗无天日的生活。

后来，范仲淹入应天书院求学，那是个名师云集、人才辈出且学费低廉的书院，正适合像他这样胸怀抱负的寒门子弟。在这里，范仲淹昼夜不息努力读书，每日里仅以那熬得稀稀的白粥和腌菜果腹。日子清苦，但因不用看人脸色、仰人鼻息，他反倒觉得畅快了许多。那一日，好心的同窗不忍，给他送来热乎乎的饭食，可范仲淹却怕自己被这一时的丰盛所惑，再难抵挡寡淡之苦，硬是直到饭食变质也不敢多看一眼。好在上天不负有心人，终有一日，金榜之上，范仲淹的名字写在了上面。一切安定下来后，他第一件事就是把母亲接过来亲自奉养。

十年的寒窗苦读让范仲淹成了博通经典、怀抱天下的慷慨之士，无论学识、人品还是能力都很出色。但即便做了朝廷重臣，他依旧生活简朴，节俭奉公，对家眷和子女更是要求甚严，希望他们不要因为自己位高权重、俸禄颇丰，便学着纨绔子弟的模样贪图富贵、追求奢华。他总是告诫子孙，无论为人或是为官，都要正直不阿。

范仲淹虽然节俭却并不吝啬。他乐善好施，为了救济百姓，在知会家人后，将自己俸禄的大部分用来设“义庄”。希望自己的做法能够为百姓尽绵薄之力的同时，也能影响孩子们对钱财的看法。这一天，次子范纯仁受父命到苏州购置麦子，准备运往川蜀。回城时，恰巧遇见了父亲的故友石曼卿。纯仁上前问好，却发现石曼卿神色窘迫，眉头紧锁。询问之下得知，原来石曼卿恰逢亲丧，因无钱运柩返乡，在此停留多日，连温饱都难以解决。心下不忍，范纯仁便将刚置办的一船麦子尽数送予石曼卿，望能助其还乡。两人惜别后，范纯仁回到家中，久久立于父亲身旁，却始终不敢提及此事，不知如何向父亲交代。范仲淹抬眼看了看这个忠厚老实的儿子，问道："可是在路上遇见什么难事了？""路遇父亲旧友石曼卿，感他亲人故去却没钱运柩回乡，甚是可怜，儿子便私自将一船的麦子赠予他，希望能帮他渡过难关。却也因此，误了父亲交办的差事……"听到这里，范仲淹甚感欣慰，连声夸赞儿子的慷慨解囊，认为他有扶危济困的仁德之心。

不知不觉，范纯仁到了娶妻的年龄。因着范家当时当日的影响与地位，上门说亲的人不少。王质便对这范家的二儿子颇为青睐，想要将自己的女儿嫁过来。这王质与范仲淹同朝为官，也算得上是患难之交，两家人无论是门第还是品性都算相当。于是，这范王两家便结了亲家。

毕竟是婚姻大事，王家为女儿准备了丰厚的嫁妆。可这消息传出后，难倒了范纯仁。父亲一向节俭，兄长娶妻时也只是简单操办，自己自然也不妄想如何的风光奢华。可如今岳丈家想要女儿风光嫁人，虽是人之常情，自己却不敢违背家门风气，这彩礼该如何置办？按着女方家的嫁妆，范纯仁礼貌性地斟酌出一份礼单，呈于父亲过目。哪知道，范仲淹看过之后提笔在一旁写道："一人站着一人卧，两个小人地上坐。家中还有两口人，退回娇儿细琢磨。"范纯仁一看，父亲写的不正是一个"俭"字？他定是觉得这礼单过于奢侈。思来想去，范纯仁硬着头皮拜访了王质，将父亲的家训门风和自己的苦衷娓娓道来。令人欣慰的是，这王家虽是贵盛之家，却也通情达理，欣然接受了这未来女婿的建议，决定婚事从简，要求范家也不必过多置办什么彩礼，只一顶绫罗纱帐就是了。范纯仁拜别岳丈，赶回家中，将王家的想法说与父亲听。却不料，范仲淹说："我范家历来节俭，不重钱财，我的俸禄也多用来赈济百姓。这绫罗纱帐无非是用来显身份、摆场面的，你的婚事自然是人生大事，但怎可借口'人生大事'就将钱财浪费在这等事上？"王家得知后，很是通情达理，非但没有要求范家什么反而还打消了由娘家为女儿筹备纱帐的念头，就这样简简单单将女儿嫁过去了。人们都说，这王氏出身望族，自小不曾受过委屈，嫁入范家定会受不了他家的简朴生活。可谁知，王氏虽身份娇贵，却很识大体，自嫁入范家，凡事都能处之泰然。即便夫君日后步入仕途，家境优渥，也秉承范家风范，节俭持家，并如范氏子孙一般，将钱财用来接济族中孤儿，成了范纯仁的贤内助。

在范仲淹的影响下，长子范纯佑十六岁随父防御西夏，屡立战功，可谓是父亲的得力助手；次子范纯仁宽以待人，廉洁俭朴，后任宰相，为官五十载，恪尽职守，造福一方；三子范纯礼官至尚书右丞；四子范纯粹官至户部侍郎。他们都正义敢言，关爱百姓，像父亲一样清正廉洁、俭朴奉公，将自己的俸禄用来扩大父亲创建的“义庄”，却与自己的家人过着非常俭朴的生活。人们都说，范家四子继承了其父的优良传统：纯佑得其忠，纯仁得其廉，纯礼得其静，纯粹得其略。

家教理念

范仲淹一生的志向是“不为良相，当为良医”，也因此有了后来“先天下之忧而忧，后天下之乐而乐”的家国情怀。千百年来，他的忧国忧民总是为人们津津乐道，他的廉俭家风也为人们所推崇。《家训百字铭》开篇即言：“孝道当竭力，忠勇表丹诚。兄弟互相助，慈悲无边境。”从中不难看出范仲淹对孝道及家庭和美的追求与推崇。想必，这与其少时的经历是相关的。上慈下孝，兄友弟恭，将孝道与慈悲作为家庭观念，定能建立和美家庭。而这样的家庭环境所培养出的孩子，也是不会差的。范仲淹节俭一生，即便位及人臣也不曾铺张浪费，并对子孙严格要求，无时无刻不在为子孙后世树立正确的金钱观。在深处困境之时，不将钱财看做稀罕之物；绝处逢生且不再为生计而愁时，又将钱财看做身外之物。正是有了这种高风亮节，才使得范氏子孙得以绵延兴旺八百余年。可见，以文化为根基来传承一个家族的门风家训和家道文化，远比物质的传承要经久不衰。

为官心要正，为人道要直

名人简介

包拯，一生为官清正，谥号“孝肃”是其一生品格的写照。作为北宋名臣，他廉洁公正，立朝刚毅，不附权贵，铁面无私。他敢于替百姓申不平，断案英明刚直，执法不避亲党。他的子孙在其言传身教下，也都成为居官清廉的好官。

为官一生，清风两袖，包拯临终前只为子孙留下数十字的家训，只愿子孙后代如他一般光明磊落，廉政爱民。

家教故事

辞官奉亲，尽孝十载。父母双双离世后，包拯守着双亲的陵墓，每日里供奉洒扫，守丧祭奠。街坊邻里都说，庐州包家有个孝顺的儿子，本来得中进士，该是做大官、享清福的人，却甘愿辞官还家，照顾双亲，如今又做了这“墓旁孝子”，身心憔悴，孝行感人。

天圣五年，在父亲包令仪和恩师刘筠的悉心教导与言传身教下，包拯得中进士，可谓前途一片光明。随后，朝廷便授予包拯大理评事一职，并将其派至建昌做知县。对于新任官员来说，初涉官场便被派往建昌这等山清水秀、交通便利的好地方，足见朝廷对包拯的重视。包令仪夫妇虽为儿子高兴，但想到将要离乡背井仍是左右为难。左右思量，两位老人家决定不与儿子一同前往。包拯放不下年迈体弱的父母，也理解爹娘不愿长途奔波的为难，于是毅然辞官归乡，在家侍奉父母。包拯的做法倒是得到了宋仁宗的赞许，在他看来，这样至孝之人他日入朝为官也必定至忠，包拯淡泊名利的品德，足见其高尚人格。

于是，包拯在家乡一待便是十年。这十年中除了给父母尽孝送终，包拯还做了另外一件事。恩师刘筠任庐州知州，包拯常常在刘筠身侧学习。刘筠本是文坛领袖人物，又曾担任翰林学士，因此人品学识自不必说。他极为赏识包拯，早在包拯进士及第之前就对他多有提携。如今更是常常给他讲为官之道，与他一起研读经史子集，探讨治国安邦之道。在刘筠看来，这个至纯至孝的年轻人，他日总会有再次出仕为官为国尽忠的时候。

后来恩师、父母相继去世，包拯将他们妥善安葬后，又按礼仪习俗守丧三年。感念父母恩情，包拯始终不忍舍下父母离去，直至一众亲友多次劝勉，他才下定决心回京候命。

有人不禁为包拯感到惋惜，想他得中之日至今已有十年，与他同期之人大都身居高位、直上青云，只有他因为奉养双亲耽搁了大好前程。包拯却不以为然，在他看来，做官是要为国为民谋取福利，并非中饱私囊，谋取一己私利，懂得尽孝才能知道如何尽忠，如此也方能实现忠孝两全。

景祐四年，包拯任职天长县。那时的他虽还是初出茅庐，却已是名声在外。自那时起，他的“断案如神”便传遍街头巷尾。于是在嘉定元年，包拯升任大理寺丞，出任端州知府。

刚上任，包拯便四处走访，查看民间疾苦。端州面临西江，背靠北岭，再加上水利设施落后，一到雨季，水患频繁，城郊几十里几乎变成了一片汪洋。包拯了解了灾情后，遍访当地士绅，筹措资金修复堤坝，并将堤坝延伸，从而加强其抗洪作用。经过一番努力，不但控制了水患还增加了不少耕地。为了拯救端州落后的农业，包拯又请来工匠，教端州的百姓们改良耕作工具，使得端州的粮食产量有所增多。在端州的几年里，包拯为百姓们做了不少好事，以致当他调任开封之时，前来送行的百姓挤满了码头。端州盛产端砚，为了表达对包拯的感激之情，有百姓想将端砚作为礼物以表心意。但他们深知这位知府大人的清正廉明、铁面无私，于是便悄悄将砚台送给了包拯的家仆。赶往京城的船行至半路，包拯知道了这件事，虽为百姓对自己的爱戴而感动，却仍旧对仆从的行为感到恼怒。在他看来，这样的做法虽构不成贪赃枉法，却也有中饱私囊的嫌疑，于是将砚台沉于江中，以表清明。

后来，包拯担任了监察御史等要职。他以魏徵为师，常常向天子谏言，所谏之事“下惩民贼，上弹国戚”，虽无神鬼之力，却也“敢为常人之不敢为”。

人们传说，包拯之所以如此清如水、明如镜、公正廉明、不附权贵，全因“嫂娘”对其教诲。相传，包拯幼时与侄子包勉一同由长嫂吴氏哺育成人。兄长早逝，长嫂未曾改嫁，一心替夫奉养老人，照顾幼儿、幼弟，对待包拯更是如母如姊。因此，包拯自小亲切地唤她“嫂娘”。

包拯即将出仕上任前，长嫂特地为他做了条鱼。包拯感念嫂嫂的养育之情，也心疼她与侄儿的节俭度日，想要与他们二人分享，可长嫂始终不肯，态度坚决，无奈之下这条鱼最终还是被包拯独自吃完。到了第二日，即将启程，包拯恭恭敬敬与长嫂拜别。看着这个自小由自己养大的小叔如今终要出人头地，一时间吴氏竟泪流不止。包拯与包勉好一番劝慰，吴氏总算止了哭泣。这时，吴氏突然想起了什么，拉着包拯询问道：“昨日我做给你的那两条鱼可好吃？哪一条味道更好些？”包拯一时不解其意，只回答说：“昨天那鱼我吃着很好。”吴氏一听包拯这样回答，便大声道：“我明明做了两条鱼给你，为何你却只说一条？”见长嫂发火，虽不知缘由，包拯却仍旧忍让妥协，连声致歉：“嫂娘息怒，是我记错了的。您昨天的确是做了两条鱼给我。”一听这话，吴氏更加气恼，厉声训斥包拯：“我虽知道你是因为孝顺不忍惹我生气，可你昨天明明只吃了一条鱼，只因我说是两条，便不再坚持。今后你是要去做官的，是要去造福一方百姓的，如果遇着个有权势的大官，或是霸道欺人的恶徒，便要看他们的脸色见风使舵、歪曲事实吗？便要因此而不敢秉公执法为百姓主持公道吗？如此，那必是要当个昏官！”包拯一听，恍然大悟，终于明白了嫂嫂的良苦用心，连忙屈膝行礼，严肃地说：“嫂娘今日教诲，包拯铭记于心，定不负嫂娘苦心！”此后，包拯时刻以此事提醒自己，为官多年无论在何等职位，都刚正不阿、秉公执法。后来，不惑之年再次出仕为官的包拯奋笔写下“清心为治本，直道是身谋”的诗句，直抒他为官心清、为人道直的心声。

做了父亲后，包拯家法严明，时刻以身作则并用家法约束子孙。有一年，包拯去灾区发放粮草。刚到灾区，便被村民拦住。有一个人向他告状，说他的侄子包勉侵吞粮款。包拯一听，深感震惊。为了还百姓一个公道，他决定查明事实。随着证据一点一点地浮出水面，不安与痛恨之情在包拯心中反复纠缠。所有的证据都指证侄儿包勉就是百姓口中贪赃枉法的恶徒，他为侄儿的行为感到羞愧，也不禁担心起年事已高的嫂娘来。奈何证据确凿，他还是下令捉拿了包勉。果不其然，一听说儿子将被治罪，吴氏尚未知晓来龙去脉便找到了包拯。一见面，吴氏便问："你那侄儿犯了何罪，可能看在家门亲情的情分上网开一面？"包拯自小受长嫂恩情，任他平日里多么铁骨铮铮，到如今也不忍见长嫂如此难过。可侄儿贪赃枉法是事实，再重的亲情也抹不去他的罪过。于是包拯恳切地说："包拯自幼承恩于嫂娘，受教于嫂娘，即将入仕为官时嫂娘的教诲犹在耳边。如今侄儿侵吞赈灾粮款罪证确凿，非但不将王法看在眼里，更是置百姓生死于不顾。我若包庇于他，不但违逆了嫂娘当初的教诲，也对不起这生活于水深火热的灾民。"吴氏听了小叔的话，深觉惭愧，于是不再替儿子狡辩。包拯公正执法，按律例对包勉定罪论处。

几年后的嘉祐七年，包拯在处理公事时突发疾病。想到自己将不久于人世，而长子已先于自己离世，幼子不过五岁，皇恩浩荡定会感念自己的鞠躬尽瘁让这幼子"荫补"为官。可他小小年纪，怎谙官场之道，若从小受那功名利禄所惑，必要误入歧途，为害一方百姓。于是，包拯留下家训一则："凡我包氏子孙，为官者如有贪赃枉法之徒，则除去其族籍，死后不得入葬包氏祖坟。如有子孙不遵此训，同样视其非我包氏子孙。"临终前，包拯嘱家人请来工匠将此家训刻于石碑之上，立碑于堂前，以警示后人。

家教理念

他清如水、明如镜，他知民心、通民情，他既公正、又廉明，一生至孝至忠，断案如神，惩治贪赃枉法。"廉者，民之表也；贪者，民之贼也"是其为官理念；"王法无私，王法无亲"是其执政原则。为百姓，他敢于弹劾宰相与国戚；为子孙，他留下家训，字字铿锵。他的清正廉明世人皆晓，他的孝肃家风万古流芳。包拯的为官做人理念与其诗礼传家的家风脱不开关系，父母的平和仁厚，恩师的言传身教，长嫂的谆谆教诲，都是他清正廉洁的源头。显而易见，家庭的影响对一个人人生观、价值观的树立极其重要。

一家仁，一国兴仁；一家让，一国兴让。近年来，“反腐倡廉”一词备受人们的关注，2015 年习近平总书记在春节团拜会上发表讲话，将反腐倡廉与家庭教育很好地结合在一起。“家庭是社会的基本细胞，是人生的第一所学校。不论时代发生多大变化，不论生活格局发生多大变化，我们都要重视家庭建设，注重家庭，注重家教，注重家风……”“要做到廉以修身、廉以持家，培育良好家风，教育督促亲属子女和身边工作人员走正道。”纵观前述，包拯的言传身教和家训正与习近平总书记的系列讲话不谋而合。家庭是人生梦想启航的地方，也是树立廉洁公正、反腐倡廉思想的第一道关口。

大器晚成领悟作文章法，“饥饿营销”巧诱小儿读书

名人简介

苏洵是唐宋八大家中唯一一个没有考中进士的人。

他的文章以“不为空言而期于有用”闻名于世，其散文更是曾经达到“下笔顷刻即千言”的境界。

苏洵曾纵情山水但却并非不思进取。在二十七岁下定决心后，他奋发读书，遍读名著，并撷取各家精华，最终成为一代文学大家。

除此之外，苏洵的另一成就就是培养了两个儿子：苏轼与苏辙。作为父亲，他因势利导，并善于激发孩子的天性。一门三父子，共列唐宋八大家，这样的殊荣在古代文学史上是绝无仅有的。

家教故事

“万仞白云端，经春雪未残”。一群年轻人站在峨眉金顶，被眼前的巍峨景象震撼了。云鬘凝翠，鬒黛遥妆，峨眉山状如其名，好似那螓首蛾眉，细而长，美而艳。站在最高处那个二十五六岁模样的是苏洵，来自眉州苏氏。家中两个哥哥先后考中进士，只他一人在十八岁首次应

试失败后，便决定再不应考，只因并不擅长骈文诗赋，更不擅长“记问之学”，于是从此纵情山水之间，游历大江南北。苏洵的父亲苏序好读书但不求甚解，是个旷达豁然、乐善好施的老人，因此对苏洵不求功名整日游荡的行为倒也不置可否。因着长子苏澹体弱多病，次子苏涣在外做官，为人刚正，两袖清风，小儿子又是这样寄情山水，慢慢地，苏家往日的繁华已经不见踪影，全靠苏洵的妻子程氏一人勤俭持家。程氏出身官宦之家，自是贤良淑德，尽心尽力相夫教子操持家事。后来苏洵在二哥苏涣的引导下，遍寻族亲整理苏氏族谱，更是将整个家业交由妻子打理。苏洵在整理家谱时，一边遍访苏氏族人，一边寻找与苏氏有姻亲关系的程、史两家，从而找到了先人留下的族谱和往来书信，翻阅了眉州府中的陈年案卷，一路追根溯源，从唐代的苏味道查到了汉代的苏建和苏嘉、苏武、苏贤兄弟，再由此追查到先秦纵横家苏秦。一路查下来，苏洵越来越觉得有趣，为了弄明白各个时期不同人物之间的关系，他开始遍览史书，等到《苏氏族谱》有了眉目，他早已养成了读书读史的兴趣，并且欲罢不能。

再后来，苏洵也曾寄希望于科举，但都屡试不中。直到有一日，当他自己翻阅以往所作篇章，突然发现，自己的行文和所述无非是为了应付考试，赘述种种观点，却谈不上发自肺腑，这样的文章自己读来尚且觉得难看，又怎会让考官欣赏，怎配流芳百世。苏洵突然顿悟：自己读书的目的究竟是什么？学而优则仕固然是好的，可读书并不只为科举，科举与自己读书习史、发愤努力的目的完全南辕北辙。于是，二十七岁的苏洵将这些文稿焚烧殆尽，重新拿起《论语》《孟子》认真研读，誓要求通求精。尽管在这之后的十年里仍旧尝尽落榜的遗憾，但此时的他，不会经不起打击，也不会选择放弃，读书已成为他生活的一种习惯。

渐渐地，苏洵恍如脱胎，貌似换骨。居家苦读的他，由读书备考转变成考究古今治乱之得失，由游荡山水、纵情享乐转变成游学交友、增长人生阅历。随着苏轼、苏辙年龄渐长，苏洵把更多的精力转移到了培养孩子上。妻子出身名门，孩子们的启蒙教育向来都是由她进行。孩子们虽说基础还不错，但顽皮好动却像极了苏洵。尤其是老大苏轼，更是随性难管。他聪明、洒脱，却难免张扬不羁，日后若不收敛定会遭人嫉恨，因此苏洵为他取名“轼”，字子瞻，希望他能够收敛锋芒，慎重做人，凡事瞻前顾后，以免冲动招祸。而苏辙，要比哥哥严谨持重得多，小小年纪，看似平和的性子却有那么一股韧劲儿，虽也顽皮却不冒失，叫他“辙”，是因为他深沉淡泊的性格就如同那车马留下的印迹一般，既无驾车之功，也无翻车之祸，取字“子由”，是盼他日后能够悠闲自得。

为了不让两个孩子如自己一般“老大”无成，苏洵想尽一切办法培养苏轼苏辙兄弟。尽管对儿子督教严格，但他随心所欲的个性是难以改变的，因此在教育方面他的方法也更加灵活有趣。在引导苏轼兄弟俩读书方面苏洵花了不少心思。那时候两个孩子还小，正是对事事都充满好奇的时候，苏辙较苏轼小两岁，懵懵懂懂，整日跟在哥哥身后，模仿着哥哥的一举一动。两兄弟常常在院落中一玩就是一个晌午，任谁也打扰不得。

这一日，苏洵想到一个诱导孩子读书的办法。见两个孩子在园中玩得不亦乐乎，苏洵拿了一本书，佯装躲在一个孩子们能够看见的“角落”里。他把头藏在书后，一边看，一边发出惊叹声，仿佛这书本里的东西都是活的，甚是稀奇，甚是诱人。父亲的举动成功地吸引了两个孩子，他们走近父亲，想看看父亲手里的稀罕物是什么。还没等他们靠近，父亲似乎发现了动静，一把将手中的书藏到身后，可脸上意犹未尽的表情却难以掩饰。这一下，可把兄弟俩的好奇心完全勾起来了。两兄弟缠着父亲，要他手中的“宝贝”。“爹爹手中是什么？快给孩儿看看！”小苏轼踮着脚伸手去够父亲背在身后的手。“我也要！也要！”小苏辙奶声奶气地跟在哥哥身后，拽着爹爹的长衫不肯放手，见父亲不肯给，索性抱住苏洵的双腿。苏洵见状心中窃喜，却装做镇定而不舍地说：“诶，这怎么行，这可是为父的宝贝哩！”说着，小心

地挣脱两个孩子，留下一句“你们俩好好玩吧！”便一溜烟“躲”到别处去了。兄弟俩你看看我，我看看你，再看看父亲，早已没了人影。如此，苏洵一连几次在兄弟俩面前故伎重施。先激起他们的好奇心，却又不肯满足他们。果然，小苏轼耐不住好奇，这一日趁着父亲“不注意”，带着弟弟偷偷溜进父亲的“藏宝阁”。一本薄薄的书就放在桌案上，正是父亲那日手里的“宝贝”。兄弟俩合计着，将“宝贝”带到他们认为安全的地方，再打开来一探究竟。起初觉得无非就是本书罢了，跟母亲从前叫他们背诵的书没什么两样，可读着读着，兄弟俩便被书中的内容吸引了，不几日便读完了里面的全部内容。当他们“偷偷”将书放回去的时候，又发现父亲拿着另外一本书，躲在某个角落如痴如醉。就这样反反复复“偷来偷去”，读书逐渐成为兄弟俩的一种乐趣，他们开始向父亲提出要求，要光明正大地同父亲分享那些“宝贝”。起初，苏洵给他们看的都是些故事性较强的书，在成功引起他们对读书的兴趣后，转而给他们看一些经典。由浅至深，由易至难，不消几年兄弟俩便将书房里的书读了个遍。

几年之后，苏洵带着两个孩子参加科考，苏轼与苏辙双双中榜。

而此时的苏洵也早已遍览群书，并在散文方面大有作为。他的散文在文学发展史上具有非常重要的地位，一篇《六国论》更是借古讽今、论述精辟。他的文章摆脱了科考应试的束缚，下笔千言，思路开阔，纵横捭阖。在苏洵的精心培养下，苏轼虽因个性放达仕途不顺，却在文学上取得了极大成就；苏辙为人汪洋淡泊，但秀杰之气终不可没，文采出众，仕途坦荡，曾官至副相，成就斐然。父子三人风格迥异，苏洵豪健，苏轼奇纵，苏辙深沉，却均被列入唐宋八大家。

家教理念

"苏老泉，二十七。始发愤，读书籍。"《三字经》中的这一段说的便是苏洵，二十七岁才开始发愤读书，靠的不仅仅是过人的聪慧，还有超出常人的毅力。尽管顿悟较晚，依旧成为名载史册的文学大家，苏洵无论是对家长还是孩子来说都是榜样。不管你处于什么样的阶段，初中也好，高中也罢，甚至是成年之后，都不应因暂时的落后就觉得前途渺茫，就觉得一切都来不及了。只要肯用功，付出总会有回报，要将理想付诸于行动。

苏洵的教子方式并非心血来潮，而是来自于他对孩子的了解。他通达人性，不急功近利，不扭曲孩子的天性和个性；他因势利导，适度控制。这从他给孩子取名时的深思熟虑便能窥知。

苏洵在激发孩子读书兴趣时，采用的是"饥饿营销"策略。在充分调动了孩子对书的好奇心后，又不马上满足之，而是在孩子千辛万苦得到答案后，轻松挑起他们的兴趣并帮助孩子自然而然将兴趣转换为习惯。这样比我们用强买强卖的方式将孩子置身于书海要好得多，如果孩子对读书提不起兴趣，看得再多也不走心，反倒会对书产生反感。

成风化人有范可效，防微杜渐严惩说谎

名人简介

司马光主持编纂的《资治通鉴》是中国历史上第一部编年体通史，在中国官修史书中占有极重要的地位。作为北宋杰出的政治家，他在史学与文学上的成就同样受人敬仰，他的人格更是堪称儒学教化下的典范。

《温公家范》由司马光通过长期总结编著而成，从“治家”和“治国”的关系上论述了家庭教育的重要社会意义，具体论述了家庭教育的原则和方法，并且针对家庭成员在家庭中的不同地位，提出了教育子孙的要求。这本书是继《颜氏家训》后又一部影响较大的家庭教育著作。

司马康是司马光的儿子，在司马光的教育下，司马康颇有乃父之风，聪敏好学，口不言财。司马光曾写《训俭示康》一文，从自家家风讲起，借助史例，训示儿子司马康勤俭自强、秉持司马家族的家训族规。

可见，家训族规在司马家族延绵、壮大中的作用是十分重要的，它的一代代传承、去粗取精，才使得司马家族不断有人才出现。

家教故事

涞水河畔累世聚居着司马家族，这一家族人口繁盛，因着诗礼传家、家风严正，故而彼此相处和睦，宗族之间从无间言。这个家族的先祖可追溯到三国曹魏时期的司马孚，司马孚性甚仁孝，而他的后世子孙北宋官员司马池也是清直仁厚的名臣。司马家之所以能够长期立世，全因其家训严明且家风淳朴。宗族之间，司马氏族子孙勤俭自立，苦心经营宗族事务，可谓治家有方。乡邻之间，司马氏族的子弟个个慷慨尚义，抚恤孤寡，可谓贤达于乡。

提到司马池，他的身份不仅仅是北宋官员，同时还是北宋政治家、史学家、文学家司马光的父亲。司马池为人正直，在教导子女方面更是一言一行遵从礼教家法。

司马光是司马池最小的儿子，他出生时司马池已是天命之年，因此要说他对这个小儿子毫不偏爱是不可能的，但偏爱归偏爱，却并不娇惯。

这一天，司马光像往常一般背完了功课，便和姐姐在爹爹的书房外玩耍嬉闹。那时的司马光不过五六岁，总跟在哥哥姐姐身后随风奔跑，笑闹欢歌，不亦乐乎。司马池提了一篮青胡桃刚从外面回来，见了姐弟俩便将篮子递过去。小司马光立即将头探进篮子，恨不能马上敲开那胡桃。儿子顽皮可爱的模样，让司马池难忍笑意，他摸摸司马光的小脑袋瓜，便和身边的人一同朝书房走去。姐弟俩这才发现，爹爹不是一个人回来的，身后还跟着他的朋友，许是要在书房商议事情。于是他们将篮子放在地上，恭敬地给客人行礼问安。直待目送客人进了书房，姐弟俩才又拿起篮子。

司马光毕竟还是个幼童，从见了这胡桃开始口水就忍不住直流。可一颗大大的胡桃在他手里好一阵了，也没能剥开那又厚又硬的青皮。姐姐见状过来帮忙，两个孩子一会用牙咬，一会用指甲划，一会又用手指去掰，可都无济于事。过了好一阵，姐姐灰了心，失了兴致，索性就跑去别的地方玩了，留下司马光一个人看着胡桃发呆。脚踩不得，牙咬不动，司马光噘着小嘴紧挨着篮子蹲下，倔强地看着胡桃。这时候，一个仆从送茶水到书房，瞥见了院中的小司马光。看了看他面前的一篮子胡桃，仆从明白了，送了茶水后便径直走向后院。不一会，他端来一碗热水，蹲坐在司马光身旁。小司马光抬头看着他，只见那仆从将胡桃放进水中烫了烫，然后取出来用小刀轻轻一划再一扭，青皮一下子就被剥掉了。仆从小心翼翼地用石块将胡桃砸开取出桃仁递给司马光，司马光开心极了，跳着欢呼着，笑声传到了书房中，也引来了姐姐。

见姐姐回来了，司马光立即将刚敲出来的桃仁喂到姐姐嘴里，然后拿着剥了皮的胡桃在姐姐眼前晃来晃去。姐姐很是惊奇，问道："好弟弟，你是怎么将这胡桃的青皮剥掉的？快跟我说说！"司马光晃了晃脑袋，墨黑的眼珠在眼眶里转了转，那虎头虎脑的样子甚是可爱。"是我自己用手剥开的啊！"司马光说罢还佯装着要去剥开一个新的胡桃。姐姐听了，也没多想，只觉着弟弟聪明伶俐有办法，于是连连夸赞。

听了姐姐的赞美，小司马光心里美滋滋的。正得意，书房的门开了。司马光转身看见父亲，本想将胡桃仁送给爹爹吃，却被他脸上严肃的神色吓住了，刚抬起的脚步，又退了回来。司马池问："你来说说，这胡桃你是怎么剥的？"司马光一下子红了脸，不知如何是好。原来，刚才的情景从头到尾都被书房里的司马池看得一清二楚，本来看着儿子天真高兴的样子觉得很是美妙，却不想他竟对姐姐撒了谎，司马池便立马出来问个究竟。身旁的友人拉住他劝说，说对小孩子不必当真，又不是什么大不了的事。可他思来想去仍觉得不妥：若今日因这小事纵容了他，养成了习惯可了不得。于是，他黑着脸，走出书房。

小司马光一声不吭，将头深深低下去，心虚得很。只听得司马池又问了一遍，语气比之前还要严肃。司马光声音颤抖，犹豫道："是……是我……"他小心翼翼地抬眼，一下子对上父亲严厉而失望的目光，剩下的话便憋了回去。司马池生气地说："你怎么可以说谎呢？这胡桃是你剥开的吗？仗着自己有点小聪明就可随便诓骗他人吗？"司

马光从未见父亲如此生气，赶紧承认错误并告诉姐姐胡桃是仆从帮忙剥的。司马池态度稍有缓和，接着说道："不要觉得是小事，便可随意说谎骗人，我希望我的儿子不仅聪明伶俐，还要永远做个诚实可靠的人，事无大小，骗人都是不对的。"司马光听了父亲的话，重重地点点头，抹掉眼角忍不住溢出的泪水。

自那之后，任何事上司马光都"不敢谩"，再没说过谎话，也没做过任何违心之事。司马光教导儿子和学生时，总是叮嘱他们"其诚乎，自不妄语始"。他将父亲的教诲铭记于心，直至后来入朝为官也不曾改变。即使面对强权他也不说违心之话，赞成就是赞成，反对就是反对。

家教故事

作为北宋名相，司马光不但政绩斐然，文学成就也是相当高，一部《资治通鉴》令人叹服。他忠于君王、孝顺父母，为人诚信谦恭，节俭质朴。他的一言一行无不遵循法度，符合礼教。他的人品学识离不开父亲司马池与家族的教诲和培养。除了要求遵守司马氏族固有的家训族规外，司马池言传身教，不溺爱，不纵容，对司马光品德修养的培养极为重视。司马光在姐姐面前说胡桃是自己剥开的，也许是为了满足自己内心的虚荣，也许是在年长的姐姐面前的争强好胜，或者仅仅是无心的稚子之语。可在司马池眼里，却是值得严肃对待的说谎行为。我们很多家长面对童真可爱的孩子时，同样的情形发生了，却免不了像客人那样为孩子找诸多借口，“也许他是无意的”“他还小呢，没必要小题大做”“孩子正高兴呢，别扰了他的兴致”“也不是什么大事，谈不上撒谎”，等等。但正如司马池说的，正是我们一点点的纵容、不以为然，才导致孩子养成撒谎的恶习。不光是撒谎，还有很多小毛病不及时纠正都可能造成以后大问题的出现。作为家长，防微杜渐是必要的。

母爱计深远，严慈施有度

名人简介

程颢，北宋哲学家、教育家、诗人，理学的奠基者，“洛学”代表人物。在母亲的教导下，他无论是学识还是人品都十分出众。入仕为官后，他曾反对王安石的新政与变法。但即便政见不和，即便年长程颢十余岁，王安石每每见到程颢都是十分的尊重与敬服。可见，程颢的人品之端重，学识之深厚。

程颐，世称伊川先生，与哥哥程颢同为北宋理学家，同时也是当时有名望的教育家。他与哥哥程颢同学于周敦颐，共创“洛学”，在对理学的奠基贡献上，与哥哥并称“二程”

程颐重视教育，在其教育主张中，无论是关于德育修养还是读书思学都能看出其自幼源自母亲的教诲。

家教故事

太原侯道济，专攻儒家经典，后中举，挂职尚书比部员外郎。侯道济治家严谨，教导子女自有其法。膝下一子一女，子名侯可，宦学四方，政绩显于世；女侯氏，书香闺秀，聪慧得体，自幼好读史书，深得道济喜爱，常恨其非男子。

侯氏十九岁那年，随父举家迁至江苏镇江。也就是在那里，侯道济结交了在镇江做观察支使的洛阳才俊程珦。这程珦是名臣后人，为学严谨，孜孜不倦；为人温厚，谦恭率直；为官清慎，宽严有度。侯道济甚是中意，便请人说媒，将其招为女婿。就这样，本来相隔千里的两个有缘人，从此结为夫妻，相守一生。婚后，侯氏孝顺公婆、相夫教子，又因为仪容姣好、德行兼备，一时间传为市井佳话。

然而这样为人羡慕的一对璧人，却也有让人为之惋惜的地方。婚后多年，两人虽也生育了几个孩子，却都不幸夭折于襁褓之中。每每想到此处，侯氏不免掩面拭泪。直到程颢、程颐的出世，总算结束了这家人的厄运。

世人都说，程家夫妇连遭丧子之痛，好不容易有两个孩子长成了，必定是宠爱有加。况且这侯氏向来待人极好，即便是奴仆婢女犯了错，也不曾亏待斥责，对待自己的骨肉定是更加溺爱疼惜，舍不得委屈。可不曾想侯氏为人虽然仁恕宽厚，但也很是明理识体，对子女毫不溺爱。

这一日，房间里传来兄弟俩稚嫩可爱的笑声。这小程颐刚刚学会走路，哥哥程颢也仍旧踉跄蹒跚，许是见了彼此跌跌撞撞的样子，两个孩童时不时相视欢笑，惹得一旁的婢女也是忍俊不禁。门外侯氏正搀扶着婆婆从廊前走来，却忽地听到婆婆说："快，快将两个孩子抱起来，莫让他们摔着了，这地板和桌脚硬得很呢！"婢女听了程老夫人的吩咐，手忙脚乱就要抱走兄弟俩。侯氏赶忙制止，并恳切地对婆婆说道："儿媳深知母亲爱这两个孩子之心并不少于我，但若因为害怕他们摔倒受伤，就总是将他们抱在怀里，保护在我们的羽翼下，孩子又怎能学会走路呢？终有一日，他们要长大成人，各自成家立业，面对世

间种种，而你我也终将老去，若不放手，那时候又有谁能来庇佑他们呢?”听了儿媳一番劝告，程老夫人深知有理，便不再多言。

侯氏对待两个孩子可谓是“爱之深，苛之严”。有时候反倒是丈夫程珦更加纵容娇宠孩子，见不得妻子对孩子的严苛，想着法子要去制止。每每这时，侯氏并不妥协，总是劝慰丈夫，宽解他的不舍。程颢程颐长到七八岁年纪，侯氏便请来名师教授他们。兄弟俩聪慧异常，总被旁人唤做神童。为防止孩子骄傲自满，侯氏总是告诫他们：“莫要因这‘神童’的虚名而妄自骄傲，若想他日成就大事，还须勤学好读，以求上进。”程颢程颐毕竟年纪尚幼，总有受不住夸奖或诱惑的时候，为了督促两个孩子读书，侯氏想了两个好办法。她在兄弟俩的书本上写上这样一句话——为娘疼爱勤奋读书的孩子。兄弟俩见了，为了得到娘亲更多的疼爱，便铆足了劲儿用起功来，不觉养成了竞学之风、勤读习惯。慢慢的年纪日长，领悟了母亲的良苦用心，兄弟俩便相互督促、相互提点，只为宽慰母亲。等到兄弟俩养成读书的习惯后，为了帮助儿子树立志向，侯氏如法炮制，又分别在兄弟俩的书本上写下另一行字。知子莫如母，身为母亲，虽盼着儿子都能日后成才，若能入仕为官更是光耀门楣，但她深知兄弟俩脾气秉性各有不同。哥哥程颢沉稳内敛、温柔敦厚，颇具君子之风，将来出仕为官定能做个心怀天下的好官。于是，侯氏便在程颢的书本上写下“殿前及第程延寿”，希望他能够勤学苦读，有朝一日殿前及第。而弟弟程颐虽也怀有雄心壮志，但生性洒脱、爱憎分明，性子没有哥哥那般婉转圆滑，与其做官倒不如做个不求闻达于世的处士，于是侯母便在程颐的书本上写下“处士”二字。

仁宗皇祐四年，四十八岁的侯氏病逝。这一年，程颢二十一岁，程颐二十岁。兄弟俩求学于周敦颐，虽刚及弱冠之年，却已是才名在外。几年后，果然如母亲所料，哥哥程颢应试，一举高中。而弟弟程颐却以自己不才为借口放弃了科举，转而以布衣之身兴教办学。但无论是入仕为官还是隐士不出，兄弟俩的才华与学识都是掩藏不住的。他们知名朝野，犹记年少时母亲的教诲，终于明白母亲当年的预见，便将母亲遗留在书本上的字迹视如瑰宝，传于程氏后人。尽管后来兄弟俩也历尽曲折坎坷，但都经受住了逆境的考验，矢志不渝地研读理学，终成一代理学大师。

家教理念

侯氏，出身书香，自幼爱读，秉承家父教导，兼具德行。在父母眼中，她是孝顺恭谨、谦和柔顺的好女儿；在丈夫眼中，她是治家有方、贤良淑慧的好妻子；在儿子眼中，她是严慈有方、仁厚孝友的好母亲。她善待佣仆、收养孤儿、周济病苦，与宗族邻里相处融洽，她的一言一行无时无刻不在感化孩子。所谓“父母之爱子，则为之计深远”，她对两个儿子慈爱而不娇宠，疼惜而不偏袒，勉励却不激进。无论哪一方面，都做得恰到好处。在劝勉孩子读书方面，她更是方法独到，眼界长远，以亲情唤起儿子对读书的热爱，以母爱帮助孩子养成爱读书的好习惯。与之相比，今天的我们以“零食”“玩具”这样的条件哄骗孩子读书，其效果却往往不佳。

父子更兼师友情，诗中有话示小儿

名人简介

陆游是南宋文学家、史学家、爱国诗人。他一生极其注重家庭教育，并如杜甫等古代名人一般，采用了以诗教子的方法。据统计，以诗教子的方式虽然不是陆游独创，但陆游将它发展到了极致。陆游一生诗作现存九千多首，其中以训子教子为主题的篇目有两百首左右，如《示儿》《冬夜读书示子聿又一首》等。

《放翁家训》是陆游的家训专著，在宋代的家训中有一定的地位。此书是陆游对一生生活经验的总结，是一个负责任的家长对子孙苦口婆心的叮嘱，在道德教育方面具有独特的发人深省之处。其中最突出的思想就是教育子孙继承清白家风，字里行间既洋溢着这位伟大爱国诗人的拳拳报国之心，又饱含着一个慈祥老人对子孙后世的浓浓亲情。

家教故事

宣和七年，陆游出生，也是在那一年冬天，金兵南下攻宋。两年后，北宋灭亡，父亲陆宰携一家老小逃往山阴老家。靖康之耻后，徽宗九子康王赵构于南京应天府继承皇位，改元建炎，国号仍然为宋。建炎三年，金兵奔袭扬州，君王狼狈渡江，经镇江府至临安。患从统制苗傅、威州刺史刘正彦等人利用军士对朝廷的不满，密谋发动兵变。本就外患难挡，奈何内忧不断，父亲不得已带着家眷改奔东阳，陆家才开始安定下来，而那时陆游不过四岁。

烛影微晃，陆游收回思绪，转身望见孩子们正于那灯下认真苦读，眼下的场景总算略微将他前一刻心中难抑的愤懑平息了些许。好在这许多年里，父子可以相伴读书，打发这漫漫长夜。这一生宦途坎坷，唯一能让陆游欣慰的便是同孩子们在一起的时光。

陆游喜欢诗词，他的心性与文采不枉“小李白”的雅号。人生过半，究竟写了多少诗作，恐怕他自己也数不清楚。

那一日傍晚陆游持卷窗前，正读得津津有味，却听得一旁的孩子们谈论起治理乱世之道，言语虽显稚嫩却不无道理，见解也算得上精辟独到。一时间，陆游欣喜若狂，山阴陆氏的铮铮男儿怎会安于这乱世中的平庸与苟且？于是，他捧起手中书卷朗朗相和，并作诗一首。他想要告诉孩子们，此时这般的场景，作为父亲身在其中是何等的陶醉，他鼓励孩子们认真读书，且要做到自给自足，以此才能在生活中收获更大的乐趣。

不知是从何时开始，每每陆游想要教导提点孩子们，便会以诗寓意。他希望孩子们好好读书，不要白白荒废时光，于是便有了：“穷冬短景苦匆忙，老学庵中日自长。名誉不如心自肯，文辞终与道相妨。吾心本自同天地，俗学何知溺秕糠。已与儿曹相约定，勿为无益费年光。”他希望孩子们稳扎基本功，在做学问时切不可急功近利，要虚心钻研，不怕吃苦，于是便有了：“通经本训诂，讲字极声形。未尽寸心苦，已销双鬓青。惧如临战阵，敬若在朝廷。此是吾家事，儿曹要细听。”如此，他将自己不厌其烦的说教，变成了一首首脍炙人口甚至流传百世的诗词佳句。通过这些佳作，孩子们感念到父亲的良苦用心，也更加容易理解其中的道理。

这一年，次子子龙即将赴吉州任职。一众亲友前来饯行，酒酣之时，陆游诗兴大发，随口吟道：“头戴四方帽，身背一张弓。问君何处去，深山捉大虫。”子龙自小深受父亲教诲，秉承陆家祖训。听到父亲的吟咏，略一思量，子龙对其中深意了然于胸。这五言绝句，短短二十字，却藏着一个“强”字，父亲是在告诫自己莫要忘了本心与家训，今后为官为臣定要自立自强，爱国爱民。于是子龙起身，向父亲深鞠一躬：“父亲，孩儿一定铭记您的教诲。自强自立，为国家和百姓尽心尽责。”听闻此言，望着即将远走任职的儿子，陆游心下难舍，却也深感宽慰。

子聿是陆游最小的儿子，自幼读书习文。苦读多年，子聿终于到了应试的年纪，当得知自己落第的消息后，一度陷入自责与失落的情绪中难以自拔，更不知该如何面对父亲。陆游见状，不恼不怒，留诗一首在子聿的桌案上：“雨暗小窗分夜课，雪迷长镵共朝饥。名场未捷宁妨学，史限虽严不废诗。”表扬子聿的勤奋努力、不辞辛苦，并鼓励他不要灰心丧志。子聿读罢，感念父亲的开明与理解，从此更是一门心思用在读书上。转眼冬日已至，这天夜里，伏案桌前的陆游抬眼看了看一旁的子聿，这孩子仍旧沉醉于书卷当中，短檠烛火似乎都不忍打扰，只是偶尔略微摇曳。昏黄的烛光中，好似他那一角天地沐于春日，

仿佛这逼人的冷气也对他格外怜惜。陆游抑制不住心头的欣慰，提笔蘸墨，在纸上写下一行诗句："古人学问无遗力，少壮工夫老始成。纸上得来终觉浅，绝知此事要躬行。"他表达了对子聿扎实肯学的赞扬，并告诫儿子定要趁着年少力强奋力拼搏。他语重心长地激励儿子不要仅仅满足于书卷中的知识，更应该在亲身躬行中将知识升华成自我才识。此后，子聿为学深谙持之以恒、孜孜不倦之道，并时刻提醒自己在获得知识后以亲身实践将之化为己有、转为己用，终于在弱冠之年荣登金榜，为官奉议郎。

家教理念

悠悠父子情，拳拳报国心。出身名门的陆游秉承家训，一心期望以身报国。然而，他因主张抗敌而被重用，也因主张抗敌而屡遭陷害，满腔壮志至死难酬。陆游一生诗作颇多，其中两百余首都是为教导子女而作。这些诗从读书、做人、为官、为臣等多个方面，给孩子们讲道理、说方法。同很多父母一样，陆游在孩子身上寄托了自己无限的希望。他循循善诱、面面俱到，可这些道理若非蕴含于诗词之中，恐怕即便是陆游的孩子也会认为自己的父亲唠叨。所以，他的方式是成功的，他的唠叨是孩子能够听取的，他的道理是孩子愿意接受的。

陆游的"唠叨"学问，比强迫式的唠叨更有效。讲道理有很多方式，一味的唠叨最不可取。陆游的"唠叨"，不单单是教导孩子做人处事的大道理，还有他不失时宜的鼓励、赞许与警示。当然，其中更少不了父亲对孩子的亲情表达。而这些"唠叨"得以奏效的另一个必备条件是躬身垂范。从陆游的经验来看，"唠叨"是讲求时机的，不同时机"唠叨"的内容也应该有所针对。唠叨要转变方式，把枯燥乏味的理论以孩子能够接受的方式灌输，像陆游一般，用诗词来灌输道理就是转变方式的一种办法。另外，唠叨的同时要不忘自己与孩子的关系。你们是父（母）子，也是师生，更是朋友。用平等、民主、开明的态度与孩子交流，沟通会更加容易。

舍近求远促子治学，耳提面命不如放手

名人简介

朱熹是我国古代著名的哲学家、教育家、文学家，理学集大成者，被尊称为“朱子”。

朱熹从事教育五十多年，门生众多，曾与张栻在岳麓书院会讲，学生多达千人。《朱子家训》是朱熹晚年留给后世子孙的一篇家训，只有三百余字，却成为千古“治家之经”。而《童蒙须知》（又名《训学斋规》）是朱熹为了训导子弟从穿衣饮食、说话走路、读书写字等方面养成良好习惯而编订的。他重视家庭教育，并将道德品质作为家庭教育的首要内容。

家教故事

已过了晌午，树林中荷塘边对唱许久的知了和蟾蜍似乎仍旧没有停歇的意思。偶尔一只翠鸟路过，停留在那偌大青翠的荷叶间，环视左右，然后又朝着其他方向飞去。林荫路上，一个妇人提着食盒缓缓走近。远远地，她便听见林子深处少年琅琅的读书声，手中食盒里装的便是给他的莲子羹汤。

那读书的少年不过十五六岁，风度翩翩，剑眉星目，右边眼角上七颗黑痣排列如北斗七星。这妇人是祝氏五娘，南宋吏部郎府君朱松的妻子，那少年是二人之子，名唤朱熹。见儿子立于树下认真读书的模样，祝氏总会忆起死去的丈夫。

那一年，开府办学的父亲归来后，总是会提起书院里一个叫朱松的秀才，说他好学虚心，满腹才华，日后定会有出息。不想后来，父亲竟将自己嫁于这读书人。也是在这一年，朱松不负父亲所望，果真考中了进士，入朝为官。后来因那金兵进攻中原，大宋王朝不得不迁都临安，丈夫听命于朝廷，携一家老小先后辗转，最终迁至南剑州尤溪县，朱熹就是在那出生的。再后来，因为丈夫屡屡向朝廷上书中兴之策，遭到那奸相秦桧的排斥，心中郁闷难舒，不久竟含恨病故。那一年他不过四十六岁，而朱熹不过十四岁。丈夫弥留之际，将母子托付给好友刘子羽，并叮嘱朱熹："你定要努力上进，帮持母亲。那胡宪、刘勉之、刘子翚都是博学之人，才学远超为父。我死后，你当拜三人为师，勤勉读书。"

于是朱熹母子便搬来这五夫里，没了丈夫的俸禄，日子过得很是艰难。但为了不影响孩子们的学业，五娘每日里以手工针织为业，省吃俭用，维持着一家几口的生计。好在孩子们年纪虽小却都很懂事。每到夏天莲子成熟，五娘都会亲手熬制羹汤给孩子们吃。一是为了清热解暑，二是这莲乃花中君子，无论是花、叶、根还是果实，都能为人所用，她希望孩子们能够像这莲一般，做个正人君子，做个有用之人。朱熹很是体谅母亲的良苦用心，悟出了这莲子羹汤中母亲的“怜子”之意，便越发用功读书。他遵从父亲的教诲，徒步数百里求访名师，从而使学问大有长进，以此报答、宽慰母亲。

终于，在十九岁那年，朱熹喜登进士。尽管为官后的朱熹仕途并不顺利，但他一心向学，把精力集中在授徒讲学上，也算得其所哉。南宋绍兴二十三年，朱熹的长子朱塾出生。朱熹很是喜爱这个儿子，认为他“自幼开爽，不类常儿”，前程可期。除了自己亲自督导朱塾的功课外，朱熹还择请品学兼长的门人来共同训导爱子。可朱塾虽然智慧超群，却懒散松懈，并非积极上进的孩子。尽管父亲师长严格约束，但朱塾直到弱冠仍旧难改陋习，惹得朱熹为之伤透脑筋。回想自己一贯为学勤勉、为人恭谨，出仕为官也好，开府办学也罢，从不敢有所懈怠，也算对得起先父遗训。可如今儿子的懒于用功，却着实让朱熹感到为难。

想到先父遗训，朱熹脑中灵光一现。自先父离世，自己便听从父亲教诲，外出求学，拜访名师。一路上虽是艰苦异常，却也因此顿悟良多，最终才有了今日的成就。如今，我何不如父亲一般，奉行孟子教学之法“易子而教”，将这孩子送去别处求学。远在浙江的吕祖谦与我是多年同窗挚友，人品学识都是现世的佼佼者。请他出马，定会有所帮助。

于是朱熹当即修书一封差人送至吕祖谦处。随后，他将儿子叫来，严肃而不失亲切地说：“如今你已长大成人，这样待在家中，眼界与学识只是拘泥在这一方天地之间，倒不如出去闯荡一番，访求名师，才能有所长进。”朱塾一听，不解地问：“我常常见到人们不远千里来此处拜访父亲，并总是听人赞誉父亲是当今最有学问之人，如此儿子怎还需要向他人求学？”“为父年少丧父，如今犹将先父遗训铭记在心，不敢怠惰。你祖父临终前教导我定要努力上进，并无论如何要拜你外祖与胡宪、刘子翚三位先生为师。为了遵从先父教诲，我徒步百里，最终访得名师，才使学问大增。你总是这般待在家中，一是容易被生活琐事纠缠，二是难免被亲人温情所牵绊，这些对治学或多或少都有所阻碍。况且，为父即便学问再大，总要念着你我父子之情，难免会有不舍之心，单凭我一人之力仍难将你育成英才。倒不如让你外出历练，一来开阔眼界增长见识，二来博采众长丰富阅历。”

听了父亲的话，朱塾似乎很受启发，不日便启程离家。尽管下定决心让儿子外出历练，但做父亲的又何尝能够真正放手，毫无牵念？朱塾临行前，朱熹赠予书信一封，信中交代儿子要慎重交友，听从先生教诲。并且告诫儿子改正懒散之习，为学为人都应勤谨。朱塾谨记父亲教诲，在先生吕祖谦的帮助下，终于改掉恶习，端正品行，最终学有所成，官至吏部侍郎。

家教理念

朱熹童年多舛，十几岁的年纪便同母亲和妹妹过着寄人篱下的生活。他深知母亲之不易，因此十分孝顺。他一生淡泊名利，安守清贫。在教育子孙方面，对儿子，他重视启蒙，严慈有度；对女儿，他尽显宽容，怜爱慈祥；对孙儿，他注重修身，只教做人。

面对儿子懒散于学的陋习，朱熹选择用放手的方式纠正。他深谙过严过苛的教训只会让孩子更加逆反的道理，与其每天耳提面命，让孩子逐渐与父亲疏远，倒不如放手，让他通过眼界的拓宽自行领悟道理。

父母对子女的爱往往出于本能，如何更好地爱孩子，需要我们不断地学习。因为爱孩子，不想他受到挫折与伤害，就为他扫清眼前一切有可能的障碍；因为爱孩子，想要帮他改正所有陋习，就仗着父亲的威严，严厉说教甚至动辄打骂……这样死板的教育，只会过早地磨去孩子身上的灵气，磨去他们探索世界的好奇心与勇气，磨去他们的爱心。所以有时候，放手也许是最好的教育。只有放手，才能使孩子在相对自由的空间中增强自主意识，同时最大限度地发挥自身潜能。当然，我们也要意识到，所谓的放手，并非全然放任不管。朱熹将儿子送上外出求学的道路，放手让他独自闯荡的同时，仍旧不忘在背后默默提醒，并与老师及时沟通、配合，最终才成功帮助孩子改掉了陋习。

信任鼓励静等花开，语迟少年终成大器

名人简介

文徵明，原名壁，字徵明，为了与先人文璧（文天祥的弟弟）区别，四十二岁起以字行。他生于苏州，是明代画家、书法家、文学家，是为人谦和而耿介、温雅且敦厚的儒者。

文徵明少时语迟，且到了七八岁还没有学会走路，总是为人所嘲笑。但在父亲不懈的信任与鼓励下，他慢慢学会了走路，并在十一岁时开口说话。自此，父亲的着力培养使得开慧较晚的文徵明勇往直前，最终通过自己的努力和众多名师的指导，成为诗、文、书、画无一不精的“四绝”全才，与师傅沈周共创“吴门画派”。在画史上他与沈周、唐伯虎、仇英合称“明四家”，即“吴门四家”。在诗文上，他又与祝允明、唐寅、徐祯卿并称“吴中四才子”。

文徵明的后代以及弟子在其教诲下，有成就者也是很多。他的儿子文彭、文嘉，侄子文伯仁都是有名的画家，与其弟子钱谷、陆师道等人共同形成“吴门画派”，影响深远。

家教故事

朔风凛冽的吴江，碧山古寺。纷纷白雪飘落江上，化为流水，化为曲觞。文氏家宅中，文林端坐桌案，手中一本书已翻了大半。软榻上，他的妻子祁守端正抱着个大概一岁的孩子。那孩子长相清秀，乖巧温顺地躺在母亲怀里，眨眼看着父亲，任母亲怎样逗弄却也不肯开口说上一句话。祁氏不免叹气，将儿子放倒在榻上，皱眉看着这个不能言且不能坐的孩子，片刻后起身去为丈夫煮茶。

祁氏自幼擅于诗画，自嫁入文家，先后生了两个孩子，长子文奎快三岁了，次子文壁也周岁有余，正是软榻上的孩子。这些年，相夫教子，祁氏将文家上下打理得井井有条，夫妻俩的感情也是甚好。她披了件外衣在丈夫身上，文林抬头对妻子笑笑，却看见她眉间消散不去的烦忧。窗外传来遥远的钟声，雪停了。

“夫人可是有什么心事？”文林问道。

“你说，这孩子该不会有什么问题吧，如今已过了周岁，非但不能言，连坐正都不能。想想我们的奎儿在这般时候早就像个小猴子一样，上蹿下跳，小嘴也是整日里喋喋不休。难不成……”

作为母亲，有些话终究是不忍说出口的。文林转头看看榻上安静的儿子。是啊，这孩子自出生那日起就十分安静，从不哭闹，总是似睡非睡的模样。起初大家都觉得这孩子乖巧好带，可慢慢地却发现他从不曾开口说话，至今也不能独自坐正。文林总觉得，这孩子是没有问题的，他只是敦厚沉静罢了，不似奎儿活泼好动。这样沉着的性子也许更好，说不定是个大器晚成的孩子。此时夫妻俩都不会想到，这个不会说、不会坐的孩子，日后竟真的成了画名留青史的四绝全才。他就是吴门书派的代表人物——文徵明。

文林安慰妻子道：“我们不是也请过很多名医来给壁儿瞧过，大夫们都说无甚大碍。许是时候未到吧，你且不必担心，我也看着我们的孩儿好得很，哪里也看不出病儿的模样。说不定，日后他的福气还不薄呢。”

听丈夫如此说，祁氏也不好再说什么，可心里终究还是七上八下。在文壁三岁那一年，寒窗久读的文林终于得中进士，一家上下喜不自禁，文壁的祖父文洪更是认为，儿子的中第都是这个不会说话的孙儿带来的好运。一时间，姑苏城内，文家宅院门庭若市，车水马龙。

一缕青烟，点点素香，文洪在读书时喜欢燃一炉香。可文壁似乎不大喜欢这味道，他把脸缩进抱着他的仆从怀里，时不时用他的素衣蹭蹭自己的鼻子。文洪乐了，伸手抱过这个仍旧说话走路都不利索的孙儿。“怎么？爷爷读书的时间太长了，让你等得不耐烦了吗？你是听见外面那些来道喜的人说话，想去看热闹吧？我跟你说啊，这功名利禄不过是过眼云烟，只有读书识理才是你的真本事。”像是听懂了祖父的话，刚刚还在祖父怀中扭动不安的小文壁突然安静下来，眼睛直直看向祖父，突然一点头，在喉间发出“嗯”的声音。文洪见状欢喜极了，将文壁高高举起，这是孙儿在回应自己刚才说的话吗？他本就十分怜惜这个安静、清秀的孩子，如今更是对他疼爱有加。他跟儿子一样，觉得这孩子并不是生了什么病，也绝非呆傻。之所以口不能言、脚不能行，定是时候未到。他总是把文壁带在身边，也只有在自己身边，那些喜欢搬弄口舌的人才不敢造次。再者，整日里陪着自己读书习文，即便他还不识字，耳濡目染也会有所影响吧。所以那一日，儿子说要带着壁儿一起赴任，他便答应了。跟在他身边，见的人多了，懂得的事理也自然多。

“小家伙，这世上有许多人，一辈子只知道追名逐利，人生何意至死都不曾领悟。将来你长大了，要记住爷爷的话，为人不忘初心，为官不忘事理，为子不忘祖训。要分得清这世上什么是我们必须坚守的，什么是我们可以舍弃的，什么是我们断不能沾染的。”小文壁双眼看着文洪，小手不停地比划，咿咿呀呀像是要跟爷爷说什么。“父亲放心，儿子定会记得您今日教诲，也会将这些道理告诉奎儿和壁儿。”文林站在门口说。

不久，文林携家眷至永嘉上任。成化十二年，文壁已是七八岁的年纪，好不容易能够勉强站立，但走路与说话仍是不灵光。一开始，祁氏还相信丈夫的话，觉得他是大器晚成。可久不见大起色，再加上身边有人永无休止地指指点点，说文壁是个呆笨羸弱的孩子，说至此一生这孩子都不会再有出息了，身为母亲，祁氏也开始怀疑。整日里的忧思，终于耗尽了这个母亲的精气，就在这年夏天，祁氏病逝。文林心如乱麻，这渺渺晴空中，日后就只剩自己一只孤雁。文林为一方县令，但两袖清风，日子过得清贫，从前都是妻子苦心操持。如今，孩子们年纪尚小，一时间这个百姓心中的好官竟不知如何料理家事了。幸好，祁氏母家通情达理，将孩子们接回去，悉心教导照拂。

文奎文壁兄弟俩一日日长大，两人年龄相差不大，难免有人将他

们做比较：一个相貌堂堂且谈吐有致；一个虽敦厚沉静却迟迟不语。自然，人们更加喜欢的是文奎。只有文林，依旧偏爱进步缓慢的文壁，他对儿子信心满满，坚持认为这个孩子定将大器晚成，只须静待，总有一天他会愿意开口，而那时候恐怕任是何人也将望尘莫及。言外之意，文林是叫大家莫要以貌取人，妄议了自己的孩子。可悠悠众口又怎是他一人之力就能堵住的，闲言碎语仍然时常传至父子耳中，文林

从不理睬，只是不懈地鼓励安抚儿子。在生活走上正轨后，他便又将孩子们接到自己身边，亲自教导照料。

这一年，文璧十一岁，被人们嘲笑为病儿的他突然开口说话了。那一日，天朗气清，惠风和日。文林忙完了一天的公务回到家中，前来侍奉的文璧随口问安："父亲回来了！"文林愣了片刻，一把抱住儿子，将他拉至身前。文林瞪大了的眼睛中，欣喜之色早已抑制不住。文璧像是被自己吓到了，像是要确认刚才的声音是否出自自己的喉咙，便又说了一遍："父亲……回来了……"声音浑厚，"清朗紧劲，绝而不茹"。文林喜极而泣，自己多年的信任与坚持总算得到了儿子的回应。至此之后，文璧也好似"颖异挺发"，被父亲送到私塾后，似乎要弥补自己因多年木讷而落下的功课，不但进步飞快，有时甚至日诵千言，很快便赶上了同龄人的学习进度。

文林自是喜不自禁，为儿子终于展露出来的悟性与资质而快慰，更加用心地培养文璧。在儿子放学归来后，文林像一个挚友一般，听儿子给他讲先生教导的功课，讲放学路上看到的奇闻怪事。而他也会给儿子讲文氏一族的家族历史，讲他们的乱世辉煌，讲他们的民族气节。即便是后来考绩还朝时，文林都要带上文璧。他有意让儿子增长见识，扩大眼界。去滁州做官时，文林依旧带文璧在自己身边，并凭着自己的好人缘，请来少卿吕常教儿子学诗。自己的两个至交老友，大画家沈周与大学士吴宽更是一个教画，一个教文，而书法家李应桢在文璧的书法上更是多有指教。

与自己的好友唐寅相比，文璧少了一些旷达不羁，多了一份沉稳内敛，他力学自勉，又时刻不忘严师的苛责与父亲的期许。即便放了学，他也不曾像其他学子那般对弈弹曲，饮酒消遣。最终，在父亲文林的坚持与信任下，在诸多师长的指点与教导下，文璧成了性格温和、言行谨慎的四绝全才，诗、文、书、画无一不精。弱冠之年，文璧取字徵明，这个温雅敦厚的少年，走出语迟童年的阴霾，修然若蜕，最终名留青史，以文墨终老。

家教理念

“贵人语迟，智者迟语”，从文徵明出生后，不知多少个春秋日夜，文林都在用这样的话安慰自己。面对旁人的冷眼、指摘甚至讥笑，身为父亲，文林告诉自己，定要站在孩子身后，护他周全，陪他进步，等他开口，看他成才。他从未放弃过，也从没怀疑过，他坚信自己的孩子定会靠着自己对他的信任与坚持，日后成为别人望尘莫及的优秀人才。

作为父亲，文林对儿子的充分信任和教育引导是令人钦佩的。他无视那些嘲讽，从未想过放弃，也尽自己所能让儿子免受嘲讽的不良影响。他积极乐观的态度是帮助语迟的文徵明开口说话的重要原因，他潜移默化的引导方式是文徵明品格性情塑造的重要条件。一个好父亲，让文徵明拥有一个好的成长过程；一群好老师，让文徵明拥有好的成才环境。最终，那个曾被人忽视、轻视的孩子让自己精彩的人生得以翰墨飘香。

人们生活节奏与方式的恣意改变，导致越来越多的孩子在出生后存在语迟、自闭甚至一些生理缺陷。而面对这样的孩子，一些家长选择用自暴自弃或是悲观消极的方式面对和应付，这样往往会使孩子在生理和心理上遭受更大的伤害。尽管现代医学并没有达到无所不能治愈的水平，但作为父母，我们仍然应该给予孩子更多的鼓励和信任，帮助孩子减轻痛苦甚至逐渐好转。孩子是敏感的，存在一些心理或生理问题的孩子更是脆弱，他们也许并不懂事，却能从父母的微妙情绪变化中感知到态度的变化，家人的鼓励与支持是战胜冷眼和讥笑最好的武器。另外，对于这样的孩子，家长的教育与引导更加应该尽早。积极面对，尚有治愈的希望；消极等待，孩子只能听天由命。

昔日混世骄矜自负，静心磨砺终成大儒

名人简介

王守仁，明代哲学家、文学家、思想家、教育家和军事家，陆王心学之集大成者。因曾筑室于会稽山阳明洞，故自号阳明子，学者皆称之为“阳明先生”，亦称“王阳明”。他是近五百年来最杰出的大儒，有“古今完人”之美称。

他的一生可谓跌宕起伏，自幼语迟，五岁尚不能言；十二岁成了先生眼中的小霸王，口出狂言欲做圣人；十五岁持剑伤人至居庸关考察；新婚夜留新娘独守空房与道士彻夜长谈；及至弱冠，科考屡试不中；好不容易中了进士得以为官，仅仅六年便因得罪奸佞被贬。这一路走来，无论如何努力都得不到父亲的一句赞许，却唯独仗义执言被远贬他乡得到了父亲的认可。也是从那时候起，王阳明理解了父亲对自己爱的深沉与坚韧，明白了是父亲一直以来严苛的教诲，成就了今日的自己，从此之后，他仿佛一切都能看得通透。以奇兵平定叛乱，于书院倡导心学，晚年屡屡出征又屡立奇功，最终成就了一代大儒，成就了为人敬仰的哲学家、军事家。

王阳明的学术思想还传至日本、朝鲜半岛以及东南亚。《王文成公

全书》大量收录了他给兄弟、子女以及晚辈们的书信，字里行间，融入了他对整个家族的谆谆教诲和殷切希望。其中《示宪儿》是一首三言诗，是被称为王阳明家规“三字经”的经典之作。

家教故事

卧榻上，一位老夫人愁眉不展，连连叹气。原来，这老夫人岑氏夫家姓王，家中儿媳怀胎早已足月却始终不见生产，眼看着已是十四个月过去了，一家人纵是再沉得住气也急了。如今儿子已经二十有六，膝下却无一子承欢，也难怪这老夫人彻夜难眠。

辗转反侧已过深夜，老夫人恍惚间见得窗外天空祥云缭绕，一道明光乍现，随后一位身着素衣的鹤发长者端坐麒麟之上，由远空徐徐而降，长者径直来到眼前，老夫人方才看清他怀里抱了个婴儿，明亮如珠的双眼正看着自己，不知怎的，再看时这孩子已到了自己怀中。老夫人惊讶，抬起头却早已不见长者踪影，一时间只剩下四周弥漫的轻烟。老夫人一着急从榻上坐起身，才发现刚才不过是做了个梦罢了。明明是梦，可耳边忽地传来一声响亮的婴儿啼哭，老夫人侧耳倾听，是的，没错，这哭声正是从儿子房间传来的，于是，她赶紧叫醒丈夫，披上件外衣便跑出房门。儿子看到母亲一脸喜悦，忙上前躬身施礼：“恭喜母亲，喜获孙儿！”

王家人上上下下沉浸在喜悦中，老夫人与丈夫、儿子说了自己做的梦，于是王家家长王伦给这个小孙儿取名为“云”。王家书香门第，到了王伦这辈虽没有入仕为官，却仍旧是附庸风雅之人。其子王华更是绝顶聪明，自小便有过目不忘的本事，文章更是妙笔生花。如今长孙出世，一家人都盼着他能够秉承家道，读书入仕，从此光耀门楣。五六岁上，祖父王伦根据《论语》所云“知及之，仁不能守之，虽得之，必失之”，为其改名为“守仁”。这王守仁不是别人，正是明代大儒王阳明，阳明是他后来的自号。

家门百年，享有名望，王守仁成长于这样的环境下，天赋得到发展，天性得以顺应，十来岁的年纪，便成了名满京城的风云少年。然而，人们识得这少年却并非因其才华横溢，而是其飞扬跋扈、恃才傲物的举止。

十岁，因为父亲王华高中状元，王守仁与祖父由余姚老家出发进京与父亲团聚。一路上，祖孙二人登山观景、弄诗题字，不无风雅。小小少年初展才华，虽说震惊四座却也暴露了他的骄矜自负。祖父从此便开始暗暗发力，要纠正他这个毛病。

至京城，入私塾，王守仁成了先生最头疼的学生。他因为自小读书颇丰于学堂上常常不能用心听讲，到了考试的时候更是帮着同学作弊，他也不掩饰、不狡辩，每每先生问起反倒理直气壮。因着他的“仗义”，尽管他是最晚入学的插班生，却很快交了众多挚友。没多久，王守仁便成了这一众少年的核心，他开始策划更大胆的事情——带着自己的小帮派逃学。

这些行径举止无不气得先生吹胡子瞪眼睛，然而先生们再抓狂也只能忍，只因这王守仁是个极为倔强的孩子，先生们若管得严了，他不但不知悔改，反倒想着法子反击，把先生们一个个捉弄得都对他避之不及。先生们总要看他父亲状元郎的几分薄面，但一再的忍让却促成了王守仁的不知天高地厚。这一日，忙于政务的王华突然听得人们窃窃私语，说的却不是别人，正是他的儿子。在人们口中，儿子如混世魔王一般，不但搅得学堂没法安静上课，更是扰得街巷邻里无法安生。王华有些不敢相信，忙放下手中公文，直奔私塾。路上，京城里最为繁华的长安街上的一幕让他甚是难忘。一群十来岁的孩子本该在学堂里苦读，此时却身上披着红红绿绿的破衣服，招摇过市，一路歌声嘹亮，像极了说书先生口中的义军流寇。那领头的不是别人，正是自己那个“聪敏机灵”的儿子！

王华脸色铁青，一怒之下冲上前去拽住儿子便甩手打过去。要知道，这王华平日里在人们口中可是个才高八斗、性情随和的状元郎，从不见他如此动怒。虽被父亲责打，王守仁却好了伤疤忘了疼。他的

小脑袋中真是不知道究竟装了多少鬼点子，花招百出。他做了大大小小不同的旗子，让侍立四周的小伙伴们举着，自己坐于正中，挥动手中“令旗”，指挥他们忽左忽右变换队列，俨然一个正在排兵布阵的大将军。除此之外，王守仁最为着迷的便是象棋。往往为了破解棋局将先生与父亲交代的功课全抛之不顾。

这一日，王华下朝回来，正巧见到本该在私塾读书的儿子对着一盘残局苦苦思索。王华走上前，严肃地问：“先生与为父教给你的功课都会了？”听那声音便知，王华怒了，在强忍着火气，哪知王守仁正沉迷于棋局，对父亲的声调根本没在意：“那些个陈词滥调有什么好看的，别吵我……”还没说完，棋盘已被一旁的王华掀翻，王守仁哪肯认错，一面抱怨父亲的粗鲁，一面自顾自地捡那四散的棋子。王华见状更是气恼，抬手将儿子刚捡起来的棋子与棋盘一并丢进了河里。

许是被父亲的反应吓到了，王守仁总算有所收敛，再不曾带头逃学，也不敢过分沉溺于棋局。可是，他仍旧是令先生们最为头疼的学生。王守仁读书似乎开始用心了，无论是在家中还是在私塾里，总能看见他捧着书本认真地读。可他看的并非先生教的书，不是兵书就是战策。每每先生提问功课，他就故意找些刁钻的问题来为难先生。先生气不过要责罚他，他却淡淡地说：“先生何故生气，学生是尊了家父之意才读这些书的，家父说过，多读点书是没有坏处的。”

这一年，王守仁十三岁，母亲郑氏去世了，幼年失恃的悲恸让王守仁逼迫自己将思绪全部投注于书中。正统年间的土木堡之变，如阴影一般笼罩了这个小小少年的心。他开始把更多的心思放在研读兵书上。王华发现，儿子顽劣却也并非完全胡闹。他们在长安街上身着“披风”，招摇过市，却并非盲目走街串巷，他们如军队一般，有队伍，有阵法，口中嘹亮的歌声唱的也不是别的，正是岳飞的《满江红》。王华叫来儿子，问道：“你是如何做到让那些孩子甘愿跟在你身后的？”王守仁起先以为先生又来父亲这告状了，便答道：“我把自己的糕点全部拿出来分给他们吃，谁最听我的差遣最卖力，我便多分一些给他，他们为了能够多分一些糕点，自然愿意跟着我听我的话了。”王华心想：“克制私欲以遂其志，这孩子虽顽劣却懂得思考，为了达到目的能够克制自己的欲望，也算精神可嘉。”于是，王华做了一件让私塾先生们更为头疼且不解的事，他专门为王守仁请来了先生教授他骑射。说来也怪，从那之后，王守仁开始认真了，功课样样用心，成绩自然也越来越好，原来那匹脱缰的小野马驹子忽地转了性子，成了私塾里一众学生中的佼佼者，只是仍旧不爱守规矩，仍旧是一副不好惹的样子，先生们也仍旧恨不得躲着他走，生怕一不小心便着了他的道。王守仁却不理会人们的眼光，自顾自地读书，自顾自地用功。

此时的王华眼见儿子日渐成熟，心下高兴却不敢表露。为了磨一磨儿子骄矜的性子，他开始了更为严厉的教导。为此王守仁常常抓狂，自己稍有自得便会得到父亲的一顿训斥。倔强的少年不服输，父亲越是严格他便越要做好，父子俩就如同博弈的对手一般，暗自较劲。

某日，王守仁于私塾里一脸认真地问先生：“学生请教先生，天下何事为第一等事？”先生不假思索道：“这天下第一等事自然是如你父亲一般，勤学苦读，有朝一日科举登第，入仕为官。”王守仁听后，思索片刻，摇摇头说：“先生说的恐怕不对，学生认为，这天下头一等的大事该是读书做圣贤。”与先生的这段对话后来传到父亲王华耳中，王华觉得儿子虽说志向远大，却未免太不知天高地厚。果然，这之后不久十五岁的王守仁闯了祸，当街将一行人刺倒在地。事后，王华一反常态，没有责骂儿子，而是带着他踏上旅途。父子俩一路来到居庸三关，这些关隘是大明王朝防御北方边境入侵的重要关口。塞北之风猎猎刺骨，外族军队嚣张霸道，眼前一望无际。王华想要告诉儿子的是，与大明王朝的河山相比你的眼界尚还狭小，于世间种族来说，你不过是其中渺小的一个，你有些才华有些胆识，但对于这大千世界来说实在微不足道。父亲虽始终没有说什么，但这一次出行让王守仁明白了，自己确实微不足道，想要成为圣贤，靠勇气靠小聪明是不够的，需要的是“经略四方”之志。

一路走来，王阳明没有闲着。他走街串户了解关外民风民俗，考察居庸关一带的地理风貌、山川走势，以及各要塞的交通与兵备情况。自以为做了充足准备，一回到家他便写了篇军事大论，希望父亲能够帮忙递呈给皇上。王华通篇览读，虽觉儿子的一些想法确实让自己感到骄傲，但其中一些豪言壮语仍旧显得轻狂、不成熟。于是他认认真真在儿子的每一段话下做了批注，驳斥儿子言语中的不成熟。王守仁这次没反驳，而是细细研究了父亲的批注。从此之后，他一次次地实地考察，一次次地修改自己的言语，一次次地经受父亲的驳斥。他开始四处求访，精研百家圣贤，甚至谦恭地拜访当下有名的学者。渐渐地，王守仁的文章之名传遍京城。

二十岁，王守仁开始科考之路，然而因为天赋才能遭人嫉妒，一连几次进士不中。友人长辈纷纷开导他，王守仁却说：“他人都以不能登第为耻，而我却以不登第而为之懊恼为耻。”然而，纵是他再怎么坚强，身后人们的指指点点总还是让人难以忽略，人们传说：“状元的儿子落榜喽！那个飞扬跋扈的混世魔王落榜了！”这些话让王守仁一度陷入迷茫，好些时日他与那些风流才子为伍，写的尽是些风花雪月的无魂诗句。父亲王华看在眼里，大笔一挥，一首更为风花雪月的短诗便摆在了王守仁眼前。王守仁无奈地摇摇头，苦笑一下，父亲这是在告诉他，这等靡靡之音若要写，父亲不知能写出多少，像他这样的半吊子就不该丢人现眼。可是，仕途不得志，心中抱负无处施展，让这个年轻人一度走不出阴影，他甚至想着要就此归隐山林。父亲见此，再一次狠狠打击了王守仁。“正所谓小隐隐于野，中隐隐于市，大隐隐于朝，即便是隐也要先成了圣贤再说，你一个小小秀才，何谈归隐！”这一次次的波折，一连串的打击总算磨去了王守仁心中的浮躁，此时的王守仁，胸襟与眼界再不是当年少不更事的少年了。

明弘治十二年，二十七岁的王守仁总算得中进士，自此与父亲同朝为官。可是不论他如何认真努力办差，仍旧得不到父亲一句赞许。倔强的王守仁不服输的个性再次被激发，每到一任，纵有百般艰难也要躬身克服，直至做好为止。其实，王华并非狠心的父亲，他对儿子的关心无微不至。只是父亲的大爱让他不愿言表，王守仁每任一职，他都会写信与其上级，拜托对方关照教导儿子，并给予机会让他得到磨炼，儿子的政绩他虽未给予赞许，却每一件都了然于胸。

自年少立志，王守仁一直都在领悟圣贤之道，父亲的不理解并没有打消他的追求。正德元年，沉浮宦海六载的王守仁遭到谪贬，只因他得罪了宦官刘瑾。王守仁被贬至贵阳龙场后不久，王华也因不肯趋炎附势遭到株连，被调任到南京。王守仁对父亲被连累深感愧疚，平生第一次，他一字一句恳切地向父亲认错，请求父亲原谅他一意孤行不顾后果的行为。好像也是第一次，王守仁得到了父亲的赞许。父亲握着儿子的手，目光坚定地说：“这一次，你做得很对，为父甚是欣慰。我王家的男儿虽世代皆为读书人，却不缺那铮铮铁骨，怎可为奸人所迫就甘于低头！”于是，带着父亲的鼓励，王守仁到贵州上任。至正德三年春，他一路辗转总算到达贵阳龙场。这一路为了躲避刘瑾的追杀，他忍辱负重，终将荣辱得失看开。往事种种，一下子全想明白了，二十年的委屈与不解、感叹与执拗也随之烟消云散。王守仁终于懂得，父亲严苛不是因为他古板守旧，而是一种更为坚韧的爱。他将自己化为高山，让儿子穷尽心力去攀登、去征服。人生漫漫，前路如何并未可知，父亲想要的无非是给自己最好的磨炼，这样即使路遇坎坷，总能凭着那份坚毅走过，这是父亲历经二十余年给予王守仁的苦心。

一切大彻大悟，看开了荣辱，超然了生死，王守仁以“龙场悟道”开创了儒学新路，开创了阳明心学，对整个中国哲学思想史、文化史产生了重大影响。他本人也成为享誉中外的“古今完人”，成为中国古代杰出的思想家、哲学家。

家教理念

王守仁的成长经历，是一个叛逆少年与父亲斗智斗勇的故事。挑战老师、考试作弊、逃学游街、目中无人甚至仗剑伤人，这些行为无不说明王阳明是老师与家长眼中的“坏学生”“熊孩子”，而为了“治”他，父亲王华着实费了一番心思。他先是严厉教训，约束孩子的不拘。但是，当他静下心来，发现儿子的荒唐表现下藏着的却是远大的志向时，又专门聘请名师教授儿子所喜爱的骑射。即使他的行为不为世人所理解和支持，他仍旧坚持，只为帮助儿子实现梦想。这是一个父亲在深刻理解和认识了儿子内心世界后做出的决定。在儿子逐渐走向成熟后，王华忍受着世人的不解和儿子对自己的不解，将自己作为儿子的对手，永远以高山的姿态等待儿子的攀登与征服，成为儿子人生道路上的鞭策者，成为儿子人生道路上一个又一个关卡，只有战胜了他，才肯放行让儿子继续前行。

挫折教育，小神童终展鲲鹏之志

名人简介

一代帝师张居正，明朝内阁首辅。他辅佐神宗改革吏治，推行新政，使得明万历时期在中国历史上创下了不朽的政绩。

张居正教子甚严且能够正视孩子的缺点。在三子懋修因考场失利而萎靡不振时，他以《示季子懋修书》一文指出儿子的不足，鼓励他振作精神，教导他追求上进、脚踏实地。他的挫折教育法即便是在当下也十分有效。

家教故事

“……天将降大任于斯人也，必先苦其心志，劳其筋骨，饿其体肤，空乏其身……”尽管忙于整顿吏治，辅佐年幼的君王，张居正一有空还是会过问孩子们的功课。他与夫人一共生育了六个儿子，长子敬修端重忠厚，次子嗣修豁达风趣，三子懋修聪慧异常，四子简修体魄健硕酷爱习武，而眼下背诵《孟子》的是五子允修，他与幼子静修年纪尚小，此时背诵得倒很是流利。张居正边听边微微点头表示赞许，却不经意一眼瞟见旁边听得不耐烦的三子懋修。这孩子自小学什么都是最快的，许是被先生和家人夸奖惯了，脾气秉性不如敬修沉稳，也没有嗣修谦逊。虽说早早便中了举人，也是胸有大志、饱读诗书，却免不了骄矜自满、好高骛远。此番他的不耐烦，也定是觉得弟弟所背诵的内容不过是他早几年便烂熟于心的东西罢了。张居正不由得为这个儿子的年少轻狂担忧起来，这样的性子如何能够容得下他人，如何能叫他人容下？他又看了看懋修，一下子回想起当年，那时的自己也不过允修的年纪罢了，也曾整日里被人称为“江陵神童”，也有过心比天高的时候。

张居正五岁起入学读书，十岁便能通六艺，十二岁因考中秀才而在荆州府颇有名气。那时的他也会沾沾自喜，也会自以为是，也不可避免地招来他人的不满甚至围攻，为此着实吃了不少苦头。就在他十三岁即将参加乡试之前，遇到了人生中的一个贵人——湖广巡抚顾璘。直至今日，张居正“然心感公之知，思以死报”。顾公乃应天府才子，也是少负盛名，工于诗文。那一日相见后，得知张居正参加了乡试，顾公便提点监察御史在录取名单中除了他的名。事后顾公并不避讳，与他直言其中缘由：只因自己看中他的才华，认定他日后必是国之栋梁。然若当时便顺利中了举人，十三岁的年纪，人情世故尚不通晓，仅凭是非曲直行走官场，才高气傲的他难免不被各种势力打压，弄不好这一生也就只能做一个舞文弄墨、把酒言欢不得志的文人。为了挫挫他的锐气，在顾璘的阻挠和“打压”下，十三岁的张居正乡试落榜了。在听了顾公的解释后，张居正豁然开朗，他开始正视自己的能力，总结自己的冒失，并且更加发奋努力，不但在下一届乡试中如愿中举，在日后所经历的几多风雨中，都能如履平地、化险为夷。故此，他认定顾公为自己人生中的贵人。

张居正拉回思绪，点名叫懋修至身前。考问了他近日的功课，却对他的回答未置可否，便起身离开了。一边向书房外走去，张居正一边琢磨。是的，“天将降大任于斯人也，必先苦其心志”，他也要挫挫这孩子的锐气。

眼见春闱即将来临，敬修、嗣修都在准备考试，懋修也想参加，前来请示父亲。张居正眉头紧皱，这孩子还真是不知天高地厚，竟这般冒进。见父亲只顾低头品茶，不置可否，懋修性急在旁催促。张居正见状更是不悦，将手中的茶杯重重放在桌案上。平日里父亲虽威严，但却很少发火的，懋修有些摸不着头脑，几次欲问明原委都被哥哥们拦下。敬修恭恭谨谨向父亲行礼，试着劝慰道："父亲息怒，并非懋修年少轻狂，以他今日之才学确已在我之上，只是缺少磨炼，何不让他与我一同参加春闱，如愿考上自是吾家美事，即便落榜只当是对自己从前所学的一个验证罢了。"张居正若有所思，仍是没有说话。"父亲放心，两位兄长前次应试的经验早已说与我听，懋修也有信心定会一举留名榜上！请父亲……"懋修说了一半的话，被父亲严厉的目光堵回去了。懋修想不明白，自己曾是父亲最骄傲的儿子，可如今竟怎的连小小春闱都不肯让自己参加。一旁的嗣修将这个冒失浮躁的弟弟拽到身后，躬身行礼后，不缓不急地说："父亲，儿子觉得懋修热衷于参加考试说明他一心上进，不过是想验证自己多年苦读究竟有何成效罢了，让他去试试未尝不是好事。如若在兴头上拦着他，难免会挫伤了

他的锐气……”听到此处，张居正眼前灵光一现。是啊，我不正是想挫他的锐气？以他此时的能力，读书虽多却浮于表面，乍看似乎较兄长涉猎广泛，却不如敬修扎实，也没有嗣修贯通，经不起推敲与琢磨。若是参加春闱，定会落得个落榜的下场，我何不效仿顾公之法，以此来挫其锐气、磨其意志？“嗯，说得也有些道理。好吧，此次你就与兄长一同应试吧。但要谨记为父的话，且不可冒进取巧，求真务实方是我张家男儿该有的本色。”张懋修喜出望外，不假思索应了父亲。

果不其然，张懋修落榜了。从考场归来他便意气风发、信心满满，似乎考中早在意料之中。放榜那天，学子们都早早就跑去看榜，他倒不慌不忙，悠闲地走着，一些考生垂头丧气正往回走，一看便知是落榜了；也有一些人面带微笑却难掩内心的兴奋，想必是考中了。懋修心想：不过一个会试，中了有何难，怎至于这般高兴。正想着，已来到榜前。懋修胸有成竹，眼睛只往那榜首的位置看去，似乎自己的名字就应该、只可能出现在那一般。可这一眼看下来，并未如懋修所料，他没有看见自己的名字。却听得旁边一群人在向一个考生祝贺，说什么“夺得榜首实至名归”云云。张懋修心里不是滋味，又循着榜单向下看去，他开始紧张了，找遍整张榜，直到最后他也没有找到自己的名字。他既尴尬又羞愤，不明缘由，心有不甘，却也无从改变既成的事实。他又抬眼看了一眼那榜单，便拂袖而去，脚步匆匆而慌乱，好不容易走进自家府宅，一进厅堂却看见父亲端坐堂内。父亲听见响声，朝张懋修看来，一脸的“不出所料”。懋修心中更是烦闷，匆匆见礼后便回了自己的房间。

见儿子这般模样，张居正心想：这一次总算给了他一个教训。却不想，几日下来，懋修都闭口不提落榜之事，只把自己关在房间，也很少理会父母兄弟。张居正偶尔见他，都是一副意志消沉、精神萎靡的样子。即便有人向他问起功课来，也是垂头丧气、答非所问。这个满怀信心却遭受打击的少年人，原本高傲的神色不见了，一同不见的还有他的自信与精气神。张居正略感失望，这孩子竟这般经不起打击，小小一次失败便如此一蹶不振。见母亲和哥哥们的劝说都毫无作用，张居正决定自己出马。他没有像往常一般，将孩子们叫至身前耳提面命，而是修书一封差长子交与懋修。

看着父亲苍劲有力的字迹，懋修十分羞愧，信中，父亲毫无避讳地指出了他此次落榜的原因。父亲的言语虽不留情面却一针见血，直截了当点明要害。洋洋洒洒数百字，父亲从对幼时的懋修寄予的希望，写到将懋修的骄矜自满看在眼里，再到决定以此次科考的失败经历来消磨他的锐气。懋修明白了父亲的良苦用心。是啊，不过是一次考试失利罢了，自己这般萎靡岂是铮铮男儿该有的气度。自幼读书为的是以诗书丰富自己的才学，难道仅仅是为了金榜题名时的虚名与荣辱不成？如此自暴自弃怎对得起父亲的苦心栽培、先生的悉心教导和母亲的殷切希望？

张懋修恍然大悟，下定决心重新振奋精神。他每日里手不释卷，但凡一本专著没有融会贯通便绝不放手。此时的他，不再像从前那般只为了证明自己的聪明才智，而是将才学看做为人立世之本，心无杂念，一心向学。他明白，若有朝一日能够金榜题名，无非是对自己多年努力的一种认可，对自己才学能力的一种肯定。就这样，张懋修在万历八年不负众望考取了状元。

家教理念

张居正出生在一个秀才家庭，在父亲与祖父的教导下，凭着自己的聪明才智早早便考取了功名。他的成功是在贵人的指导下得以实现的。是顾璘用“挫折教育”的方式，将张居正及时唤醒。当发现自己寄予厚望的三子懋修正在走自己曾经的老路，为了让儿子悬崖勒马，张居正同样选择了“挫折教育”的方式。

张居正与儿子的聪慧是旁人无法企及的，也正是这种与生俱来的“天才”气质，带给他们与生俱来的优越感。在天才的成长过程中，或多或少都伴随着一种心理上的自我膨胀。从积极方面来看，这种自我膨胀是一种自信的表现。但从人生成长经历来看，这种心理是需要恰当调节的，而这种调节需要把握时机、把握方式。

除了张居正，我国明代的唐伯虎、美国神童威廉·詹姆斯·席德斯以及曾被誉为“史学奇才”的天才少年林嘉文等等，都是人们所熟知的天才少年，但他们最后却并非都如张居正一般有所成就。他们中，有的因科举受挫而遭受打击，从而改变了自己的人生轨迹；有的因天赋的过早显露而被关注，却也因成人后的成就没有达到人们的期望而难以承受压力和挫折；有的甚至迫于压力而选择过早地结束了自己的生命。

张居正是善于抓紧时机、运用恰当方式调整心态的人。不论是在自己身上还是在孩子身上，他都能将打击恰到好处地转换成动力。从挫败中学会总结经验，勇敢地面对人生中的挫折，从挫败中学会收敛锋芒，学会脚踏实地，最后终会有所成就。

嗣母贤良识大体，一生奔走家国梦

名人简介

顾炎武是明末清初杰出的思想家、经学家、史地学家和音韵学家，他与黄宗羲、王夫之并称为明末清初“三大儒”，与归有光、朱柏庐并称昆山“三贤”。

他一生辗转，以天下为己任，以学术兴天下，被后人尊为中国伟大的爱国主义思想家之一。他始终关注民生，他的“天下兴亡匹夫有责”的思想不仅影响了顾氏后裔，更激励了无数国人。

顾炎武的家训思想主要体现在《日知录》等著作以及他给外甥们的家信中。他把“博学于文”和“行己有耻”结合起来，强调“学”与“行”的统一，将为学和做人共同作为立身之道。

家教故事

人们已经记不清楚，这大明王朝是从几时起，一点一点走向这样破败不堪的境地的。颓废的皇族，腐败的朝政，使这个原本还算太平的国家正遭受着灾难。流民遍野，战火不息，满目疮痍，任谁都能看出，大明江山正在步入覆灭。

国难当头，家里灾祸也是不断。祖父顾绍芾去世后，从叔与从兄百般刁难想要争夺家产。他们甚至不惜纵火抢劫，置顾炎武于死地。于是，尽管愤怒，尽管无奈，顾炎武只得带着母亲流离奔走。辗转多地，三番五次遭人暗算，直至狠心的从兄在兵荒马乱中死于清军的剿杀，这让人“百忧熏心”的“家难”也不曾停息。

说起母亲，虽非亲生，却待顾炎武极好。顾炎武不满周岁便过继给无嗣的叔祖父顾绍芾为孙，当时嗣母王氏二十八岁。她是世家出身的大家闺秀，祖父王宇曾在明为官，父亲王述是国子监的太学生。因而，王氏自小便读书识字，是个涵养颇深的女子。十六七岁时她与顾家订了亲，未上花轿便传来未婚夫病逝的消息。这样的事，对于待嫁女子来说，无疑是晴天霹雳。先不说封建礼教对女子的约束，只那市井街妇的口水与白眼，便会将这清白无辜的女子给淹没。

两家人围坐厅堂，为此事颇伤脑筋。王家是士族，顾氏也非陋室，好在两家都是明理之人，虽拿不出什么万全之策，却也努力想要思虑周全。奈何这样的事过于棘手，商榷不下之时，王氏走进堂内，拂去眼角泪水，向两家长辈行礼问安，这个年方妙龄的女子说出了自己的决定：愿为顾氏儿媳，替先夫孝敬公婆。

两家长辈十分吃惊，待到回过神来，便又纷纷反对。可王氏立场坚决，任谁也没能说服得了她。就这样，十七岁时王氏嫁入顾家，从此代替先夫，如女儿一般照料公婆、管理家事。王氏深明大义本就令人佩服，再加上婆婆病时她不惜断指疗亲，让顾家一众亲族更是对她另眼相看。

十余年后，为了继承一脉香火，顾炎武与王氏结下母子缘分。顾炎武虽非亲生，却圆满了王氏的人生，她将他视做骨肉疼惜教养。直至而立之年，顾炎武仍能依稀记得当年的景象。三岁时顾炎武得了天花，郎中束手无策，一切只能听天由命。嗣母不畏感染之虞精心照拂，方才保住了他的性命。因此，在顾炎武心里，这个养育自己长大成人的母亲，拥有着他人无法相比的地位。她虽为女子，却有主见，善待公婆。纺纱织布这样的女红家务自不必说，她还见识广博，明白事理，举手投足更不同于一般妇人。每天夜晚，总能见着她在油灯下手不释卷。每次王氏读书，就会把顾炎武叫至身旁，教他识字，到五六岁时，便教他读《大学》。可以说，顾炎武对家族、国家的责任感，便是从读《大学》开始的。他最喜欢的是在母亲怀中听她讲故事，她的故事可多着哩！那些英雄人物的家国情怀与忧国忧民，让他景仰并敬畏。他敬佩母亲口中的文天祥、刘基、方孝孺、于谦等，他们的运筹帷幄、刚直不屈、忠心义烈在顾炎武小小的心灵上，留下了难以磨灭的印象。

因为顾炎武的明敏伶俐，嗣祖顾绍芾也是对他喜爱非常。顾绍芾少时跟随父亲周游各地，阅历很是丰富，对明史熟谙。尽管到了晚年不常出户，仍旧对国家大事了然清晰。外有金兵攻取沈阳，内有各地起兵造反，外患与内忧让这个年迈的老人感到忧心忡忡。于是，他开始教顾炎武读兵书，读《左传》《史记》和《战国策》。等到顾炎武再大一些，他又亲自给他讲授《资治通鉴》，教他抄录《邸报》。他希望这个孙儿即使不能做一个拯救乱世的大英雄，也要稳扎功底，做一个追求实学匡扶国家的读书人。

也正是嗣祖和嗣母这般用心教导，才使得后来的顾炎武成了拥有激浊扬清的气概和使命感的一代宗师。那句“天下兴亡，匹夫有责”既是他对世人的号召，也是他对自己家国观念的总结。十四岁，顾炎武考中了秀才，然而此后多年科举都屡试不第，不是他才识尚浅，只因小时候的那场天花，虽然保住了性命，却让他落下终身的眼疾，也让他整日里备受他人的嘲讽。后来，顾炎武加入复社。在复社，他结交了归有光之曾孙归庄，两人志趣相投，成为至交好友。他们一起结交四方豪杰，竞为高论，上议执政当权，下讽卿士庸官，放言无忌，毫不避讳。他们切磋学问，修炼品行，讲求义气，个个都是以天下为己任的读书人。再后来，李自成攻陷北京，明思宗自缢身亡，顾炎武受举荐于明弘光元年任兵部主事。然而等待多时仍不得征召，却等来了南京城防与清军的暗通曲款，最终将南京城拱手相让。报国无门的顾炎武只得回到家中。

清军占领南京后，招降各地守令。吴中各郡抗清义军风起云涌，1645年的六月十六，昆山的反清武装起义也随之爆发。顾炎武在其中负责发布文告征集粮草，以做长久守城的准备。然而，富贾名门多自私吝啬，大敌当前兵荒马乱保命犹来不及，怎肯出钱出粮去资助义军。直至七月初六，昆山城破，清军入城后大肆屠城。顾炎武和归庄在这场屠杀中侥幸逃脱，然而顾炎武的两个嫡亲弟弟却双双被害，生母何夫人更是被砍断了一只手臂险些丧命。七月十四，清军攻陷了常熟，顾炎武的嗣母王氏听到这一消息，悲痛万分。她不愿做清军刀下的亡魂，更不忍目睹大明江山的覆灭，于是以绝食抗拒。十六日后，王氏逝世。临终前，用尽最后一丝气力，她给儿子写了封信。信中，王氏道："我虽是妇人，却身受国恩，今日国破，以身殉国，是大明子民该有的大义。今后你当坚守气节，不为异国臣子，方是不负世代国恩，不忘先祖遗训，那么我也就能够瞑目九泉了。"那一年，王氏不过耳顺之年。

顾炎武含泪将母亲下葬，从此他的家国信念更加坚定。刀光剑影

中，尽管漂泊流离，他仍旧与复社的仁人志士们诗文唱和，江南文人应有的高雅之气，不曾因战火与血雨腥风而泯灭。一有机会，顾炎武便为推翻清军奔走四方，一面游走于大江南北，结识各地抗清志士与明朝遗民，一面著书立学，研究经史百家。尽管清王朝多次威逼利诱，千方百计想要招揽他，都被他断然拒绝。至晚年，身边的一众友人面对大势，抵不过清廷的利诱，顾炎武虽对这样的行为表示宽容，但仍为这些人感到惋惜。1681 年的正月初九，顾炎武因坠马而病逝，这个为了民族复兴奋斗一生的爱国志士结束了他的一世飘零。

家教理念

一代宗师顾炎武生于江南大族顾氏。历经千余年风霜，顾氏家势显赫，家风深厚。顾炎武之先祖多因学而优则仕。他们尽忠职守，在国家危亡之时，甘愿挺身而出。他们克己奉公，在同僚们忙着巴结讨好权贵公卿时，不屑与之同流合污。直至顾炎武一辈，这种家风始终流传。顾炎武的祖父与父亲虽是学富五车之人，却因奸臣当道，不愿为官。他们教导顾炎武要读有用之书，做有用之人，在民族大义之上坚守忠义。而其生母何氏与嗣母王氏虽为一介女流，却也深明大义。尤其是嗣母王氏以先贤英雄的忠义事迹，激励并引导顾炎武塑造家国情怀。这些都是先祖至亲对他的言传身教。

在顾炎武成年之后明王朝走向覆灭，内忧外患，满目疮痍，如顾炎武这般的仁人志士，虽有一颗纯粹报国之心，却无用武之地。然而即使屡屡受挫，他仍旧奋身而起，奔走四方，为推翻异族统治而努力。他坚定的立场与决心，源自祖父亲族的教导与垂范，更源自嗣母绝食以身殉国的大义凛然。嗣母的坚决与果敢对顾炎武来说无疑是一种激励。尽管家国覆灭已成事实，但他不为异族臣子的决心更加坚定。

一世飘零，一生奔走，只为民族复兴，只为家国重建。尽管直至身死心愿仍未达成，但顾炎武的爱国情怀与忠信大义，仍旧赢得了世人的敬仰。

动身千里外，心系家中子

名人简介

郑板桥，原名郑燮。清朝官员、学者、书画家，晚年客居扬州，“扬州八怪”之一。为官十二载，清正廉洁，尽管官职不高却政绩显著，受百姓敬仰。他以“三绝”著称，一绝为诗文，去陈脱俗，以白话替古典；二绝为书法，综合草隶篆楷，大小不一，歪斜不整；三绝为画，以兰竹闻世，画必题诗，尽显书画同源。

家教故事

他生于康乾盛世，寒门儒士，家道早衰。这一生因画得志，也因画失意。大半生为功名忙碌，却因怜民济世，得罪大官。官场数度沉浮，看透人心，尝尽冷暖，终于了悟最是糊涂难得。罢官回乡，客居扬州，以作画修身终老。这人便是板桥先生——郑燮。

板桥先生生于江苏兴化。城东南方向有一片竹园，城门边的护城河上有一古板桥横跨其上，幼时的他常在那里玩耍，故而自号“板桥”。先生一生功名之路甚是坎坷，二十四岁考得秀才，四十四岁才得中举人，五十岁任范县县令，从此背井离乡。先生为官吏治清明，虽为人耿介，愤世嫉俗，对百姓疾苦却很是上心。他常常身着便服，脚穿草鞋，体察民情，访问疾苦。虽为县令却生活清苦，性情更是清高狂放，富贾官商都说他是怪人，只因其性情中的几分真诚、几分幽默和几分酸辣。

乾隆九年，先生得子，甚是欢喜。却因在外为官不能常伴妻儿左右，无奈之下，将子托付于堂弟郑墨。这郑墨与先生年岁相差较远，但却敬重先生为人，因此二人感情甚深。自先生至范县上任，家中事务不论大小全权由郑墨照应。由他们的往来家书可知，先生对堂弟亦是十分用心，读书、治家、教子、为政事无巨细，皆以经验之谈相告。

先生本是性情中人，从前思念家乡，如今牵挂幼子。每每月下独酌，总是思家心切。于是，给堂弟的家书中，便又多了一些内容——询问幼子近况。板桥先生总是担心，堂弟因可怜侄儿不能在父亲身边而过分娇纵，因此常在信中叮嘱、提醒，要他不要过于溺爱和姑息。可这小小孩童稚嫩可爱，难免让人心生怜惜。即便言行举止有所偏颇，家人也觉得童言无忌，认为只等年纪稍长再严加管教也不迟。

这一日，郑墨难得悠闲，看着府宅外的小侄子与孩童们玩闹。奶声奶气的侄儿逢人便道：“我爹爹在外面是做大官的，将来我也要做大

官。”那稚气的表情，不禁让人好笑。旁边一个稍大的孩子不服气，上前挑衅，却被侄儿一把推倒，侄儿口中还煞有介事地说：“我爹爹是大官，你爹爹是仆从，你是不能欺负我的！”郑墨只觉好笑，回到书房给兄长写信，将方才的事情告知兄长，期望以此解其思子之心。不想，先生得知很是生气，立即回信给弟弟道：“我五十二岁才得一子，岂有不爱之理！但是，爱子必定要有爱子的办法。‘以其道’是真爱，不‘以其道’是溺爱。即使是寻常的嬉戏玩闹，也要注意培养他的忠诚厚道，为人该有同情之心，该有忠厚之性情，切不可使其成为刻薄急躁之人。人生天地，何分贵贱，更何谈官贵民贱？即使是仆从之子女，也当同等爱惜，绝不可让我的儿子欺侮了他们。从今往后，无论吃食用品，都应平均分发，不分主仆。”

郑墨读罢书信，觉得兄长言之有理，从此便如兄长所托，凡事尽量做到“长其中厚之情，驱其残忍之性”。那之后，两兄弟的书信中更多的是关于如何教导孩子的话题。郑板桥嘱托堂弟，为儿子请先生要慎重选择，对于儿子日后的功名他并不在意，只希望孩子能够学有所成，尊敬师长，友爱同窗，能够同情关爱贫穷人家的同学。郑墨听从兄长嘱托，与嫂嫂及家人按照兄长的意愿对侄子严加管教，果然收效甚好。于是再次寄信与兄长：“如兄长所说，如今侄儿言行举止皆有长进，想必长此以往定能如兄长一般，入朝为官，为我郑家光耀门楣……”听说儿子有长进，郑板桥自是欣喜不已，但思来想去仍觉有些不妥，怕弟弟对儿子过于姑息偏袒，便立即回信：“读书中举以至做官，这些都是小事，如今最为要紧的是要让他明白事理，做个好人。你且将此信读与长嫂，也要使她懂得，疼爱孩子的道理，第一在于做人而非在于做官。”

就这样，在外为官的板桥先生通过书信教导儿子，从读书至做人，无不关照。

后板桥先生调任山东潍县。这一年饥荒闹得厉害，板桥先生为赈灾之事奔忙，为救灾民修城筑池、大兴工役，甚至不畏权贵阻挠，开仓放粮。灾荒之下满目疮痍，权势紧逼更让先生屡受胁迫，唯有家书方能片刻缓解他的疲累。这一日，堂弟于信中说："侄儿每日背诵诗文、学做家务，无论冷暖从无间断。虽遇饥荒家中余粮不多，但总算不至挨饿。那一日，嫂嫂省下自己午时的窝头给侄儿午后充饥，这孩子本可自己享用，却因见不得街上一个落魄的女娃挨饿，便分了一半给她……"读信至此，板桥先生甚感欣慰。

然而令人悲戚的是，乾隆十四年，板桥先生的爱子于兴化病殁。这一变故使得郑板桥思归心更切，再加上官场之黑暗，乾隆十七年，先生去官南归。回到故里，郑板桥整理旧稿，醉心兰亭，心游八荒。

家教理念

郑板桥大半生时光皆用于科考求取功名，年过不惑总算得中举人，天命之年入他乡为官，常与家眷分离。老来终得一子，却不能亲自教导，只能托付堂弟与家人。这让人不禁联想起当今人们较为重视的"留守儿童"教育问题。与郑板桥的儿子相似的是，留守儿童群体中很大一部分人缺乏父母的照看，与父母长期分离。这在一定程度上使得这类群体在心理、教育、生活等方面存在问题与缺失。父母为了养家糊口在外打拼，将儿女留在老家，忽视了孩子的教育，尤其是家庭教育。而板桥先生即使与孩子生活在两地，教育意识从未放松。他以书信的方式敦促堂弟不要纵容娇惯儿子，其家书中常常能见其教育理念与方法。

作为家长，要赚钱养家固然重要，但子女的教育不容忽视。因为长期与父母分离，留守儿童的内心往往是脆弱的，心理上不懂得如何自我疏导。因为父母的监护角色和教育角色的缺失，使得留守儿童在人格等方面容易走向极端，容易产生价值观念上的偏离和个性、心理发展的异常。

留守儿童的家长应该担起教育子女的责任，加强对孩子的管理，加强与孩子的沟通交流，要善于表达父母对子女的关心，即便不能长久地陪伴孩子，也要让孩子体会到爱的存在。

清贫家境难掩高洁之志

名人简介

林则徐是鸦片战争中虎门销烟的“民族英雄”。面对时代的转折与中西方政治、文化、经济等的激烈碰撞，这位伟大的爱国者和民族英雄的所作所为，可以说是中国人民反帝斗争和民主革命的起点。

他生于闽都福州，家境清贫，幼年生活十分艰苦。他的民族气节和崇高品德的形成，得益于父亲林宾日和母亲陈氏的教诲，以及家庭氛围的影响。

林则徐为官清明，不慕虚名。在天命之年后，他写下《十无益格言》并将之作为自己和后世子孙的修行标准与原则。他同父亲一样，十分看重对子孙的教导，尽管公务繁忙也会以书信督促儿子读书，教导他们如何做人。他治家严谨，教子有方。林氏后人也秉承家族遗训，满门多为英烈。

家教故事

天寒夜永，风刀霜剑。一盏油灯在壁，林则徐坐在灯下复习当日的功课。这勉强抵挡严霜的破屋中，还坐着林家夫妇和其他几个孩子。母亲和姐妹们正就着微弱的灯光忙着做女红，窗外朔风怒号，母女几人却顾不得手上的皲裂，这些物件定要赶在明早之前完成，好待林则徐去私塾之前拿到店铺去寄卖。

父亲林宾日是位私塾先生，年少时也曾因文才出众在乡里颇有名气，可是中了秀才、补了廪生后，便屡试不顺。因着林家“历代固守儒业”，从祖父起便是教书先生，父亲后来便也放弃举业，从此“孜孜于教诲子弟、成就后学之事”，把读书进取的梦想寄托在林则徐身上。

林家向来对书香有着不可言说的执着，再加上“家口浩繁”，这家境也就日渐拮据。到了父亲林宾日这一辈，更是“家无一尺之地，半亩之田”。所幸，父亲没有因为贫穷而丧志，依旧固守儒业，依旧日夜苦读，依旧希望林家子弟有朝一日能够科场顺遂，振兴家道。

父亲说，母亲是他人生中的贵人。她出身书香之家，嫁到林家时，林家“家无立锥”，还欠有许多债务。面对这等贫窭之状，母亲却从没怨天尤人，而是陪着父亲，勤俭持家。后来有了他们姐妹兄弟，便开始用她不同寻常的见识和守贫砺志的毅力为儿女做着榜样。林则徐孝顺，可每每想要替父母分担些重担，都会因“男儿务为大者远者”而被推辞，母亲觉得，这样帮忙做些琐事是见不得孝心的，日后读书显扬，才不负她今日之苦。

尽管日子过得清苦，但一家人彼此恩爱，相互扶持，哪怕常常三餐无继也总是乐观融洽，和和气气。

四岁起，林则徐便跟着父亲一起出入私塾。父亲教书，他便坐在父亲腿上，听父亲讲课。每日里随父亲认字读书，到了七岁他便已熟悉文体。父亲深谙教育之道，从不压抑孩子的天性，私塾里的学生都很喜欢他。在林夫子的课上，即使背不出书也不会被打手心，他只会耐心地教导，反复地督促，并因着学生的喜好、天赋有意识地因材施教。这样的方法，不同于学堂里其他的老夫子。这样的方法用在林则徐身上，使得他不过八九岁的年纪便写出了“海到无涯天作岸，山登绝顶我为峰”的诗句，震惊四座。

父亲是个极重情义的人，母亲陈氏也是善良贤惠。尽管家境困难，夫妇俩却总是慷慨解囊，尽心尽力对待那些有难处的亲友。林则徐就曾亲眼见着父亲将自家的米送给伯父，自己却节衣惜食，迁就度日。除了慷慨，父母还是“威武不屈，贫贱不移，富贵不淫”的高洁之士。乡里曾有个富户想要请父亲做他儿子的先生，但因他人品卑污，为父亲所不耻，父亲便拒绝了。林则徐家居闽海，那时候吏治腐败，很多官员贪赃枉法，父亲每每与母亲谈论这种种丑行，深恶痛绝之情总是难以抑制。而对那些志高行洁之士，父母却总是钦佩他们不畏权贵的骨气，赞扬他们的耿直敢言。

父母亲的教诲和潜移默化的影响，最终使林则徐成就了一副铮铮硬骨。自十三岁得中秀才、二十岁乡试中举、二十七岁殿试中了进士之后，林则徐宦海沉浮四十载，政绩颇丰，受到百姓的爱戴，以至于被人们称为“林青天”。这位民族英雄自幼受到父母的影响，将惩治污吏贪官，报国保家作为己任。在有了自己的儿女家室后，他秉承父志家训，教子读书。林氏后裔不畏强暴、不慕虚名、气节永葆，在中国

近现代历史的每个阶段，都留下了为中华民族的崛起和振兴而献身奋斗的足迹。

家教理念

林家生活清贫，每日里难保三餐，但即使到了要以典当衣物换取食物的地步，林宾日也会保障儿子的学习。他教育林则徐要学习古人的德操，越是艰难困苦，越要磨练意志，越要坚定信念，越要正直做人。

在树立品德方面，林宾日以自己及妻子的言行潜移默化地引导孩子成为知足常乐、正直端正的人。他们积极乐观，即使饮食寡淡也能幸福满满；他们仁爱慷慨，嫉恶如仇，不为俸禄丰厚低头。林则徐自幼从长辈身上吸收的道德精神养料，促成了林则徐一生的廉洁奉公。

在读书方面，林宾日因材施教，善于为孩子营造轻松愉快的学习氛围，但所谓的放松并不等于对孩子的教育可以放任。林宾日要求孩子读书刻苦勤奋，无论寒暑都不可怠懈。

尽管没有殷实的家境，林宾日却给了孩子幸福和美的家庭氛围与轻松愉快的学习气氛。这正是培养孩子“海纳百川，壁立千仞”的良策。

秉承祖训求上进，耕农之家出名臣

名人简介

曾国藩，宗圣曾子的七十世孙。他是洋务运动的发起者之一，湘军的创立者和统帅，与李鸿章、左宗棠、张之洞并称“晚清四大名臣”。他是中国近代的政治家、理学家，是中国历史上最有影响的人物之一。

我们很难想象，这样一个有着诸多头衔的历史名人，不但出身于耕农世家，幼年也只是资质平平，就连科考也曾首战失利。可就是这样一个“愚钝”的孩子，凭着祖父与父亲的坚持与督导，日后成了晚清“中兴第一名臣”。

有人认为，《曾国藩家训》是“千古家训之首”，而曾国藩一生重视家庭教育，即使身在京城忙于政务，也不忘以书信教导子侄。这样一位理学传人、一代大儒，也算得上是一个“标准的教育家”。

《曾国藩家书》是曾国藩的书信集，成书于19世纪中叶。其主要内容包括修身养性、为人处世、交友识人、持家教子、治军从政等。《诫子书》是曾国藩的遗书，书中根据自己的人生经验总结出四个方面，即“慎独而心安；主敬则身强；求仁则人悦；习劳则神钦”，后成为曾家世世代代的家训。

家教故事

草长莺飞二月天，曾国藩已记不得这是父亲第几次参加童试了。每一次落榜，消沉片刻，他便又抖擞起精神，准备来年的应试。不过如今，父亲并不将一朝中第的希望全然放在自己身上了，而是期许着他们兄弟几人能够秉承父训祖望，有朝一日名在榜中。在外人眼里，生于曾家这样的耕农世家的父亲对于读书中榜的执着与坚持怕是有些出格，但其中缘由恐要追溯到祖父这一辈了。

从祖父曾玉屏起，向上追溯数百年，曾家都从未出过一个秀才。据说祖父年轻时，因为曾祖的克勤克俭、持家有道，家境逐渐富庶起来。祖父也因此染上了些纨绔子弟的恶习，每日里不思进取只知道游手好闲，不是日高酣寝，便是同市井间的裘马少年相互追逐。这等公子哥的习性，自是受到族中长辈和一众亲友的指摘与讥笑。好在祖父尚有心气，听多了讥讽与指斥便真的痛改前非、浪子回头了。从此之后勤于劳作，不曾懈怠。慢慢地，被他败坏的家业也得到改善，日渐殷实。成家立业，人到中年，祖父回忆自己年少时荒废了的学业，总是引以为耻，于是便立下了“耕读为本”的家法，教导儿孙读书、做人、处事。从此之后，“必诚必敬，宜耕宜读”成为曾氏一族的传家之道。祖父总期望家中子弟能出个读书人，因此对父亲曾麟书和叔父曾骥云寄予了厚望。他的管教甚是严厉，年幼时曾国藩就曾见着父亲对祖父是如何的“起敬起孝，屏气负墙”的。父亲潜心向学，希望自己能够担负起改写家族百年“寒籍”的重任。怎奈天资欠佳，一连十几次的童试他都榜上无名。顺理成章的，祖父与父亲便把希望转移到曾国藩兄弟身上了。

对于祖父，曾国藩自小便存着崇敬之心。尽管祖父读书不多，但为人很是正直。虽说年少时有些荒唐的举止，可从曾国藩记事起，看到的却全是乡里人对他的敬重。邻里间发生争执，也会请祖父去做仲裁，只因他从不偏私，每每都能给予双方客观公正的裁决。祖父的容止威严与处事稳重，总让旁人对他毕恭毕敬。自小在他身边长大，曾国藩自是深受影响，做事有恒，品格坚毅，并在家业的传承中深深烙上祖训的痕迹。他将祖父立下的家规编成口诀，供家人遵奉。直至自己官拜一等侯爵，仍然克勤克俭，不敢有丝毫逾矩。

父亲是曾国藩的启蒙之师，从他身上，曾国藩学到了为学的秘诀——坚持。父亲不厌其烦永不停歇地指导与敦促曾国藩兄弟读书，日复一日，年复一年。他从不急躁，也不求速成，而是循循善诱，教之有常，想方设法培养儿子对读书的兴趣。

少年时的曾国藩并非天资聪慧的孩子，却在父亲的督导和自己的努力下，用时两年便读完了《五经》。十岁起，他开始试作八股文，为考取功名做准备。这一年的二月天，十四岁的曾国藩跟随父亲来到省城长沙，第一次参加童子试，父子俩信心满满相互勉励共赴考场。却不想，两人双双落第。曾国藩很是失落，自己的日夜苦读仿佛一夜之间付诸东流，挫败的痛楚刻骨铭心，科举之路首战失利，仿佛梦魇一般纠缠着他。可此时的父亲，却仿佛并没有受到再次名落孙山的打击，仍旧精神百倍再次奋起，很快将精力投入到下一次备考中。父亲的表现，给了曾国藩很大的触动。

深知自身修为难以帮助曾国藩增进学业，也为了不让儿子跟自己一样，要承受一次又一次的挫败，曾麟书与父亲商议后，决定让曾国藩外出求学。多方打听、深思熟虑后，曾国藩前往衡阳拜师于汪觉庵先生，这一去便是四年。而就在曾国藩外出求学的第三年，父亲曾麟书终于得偿所愿，在自己第十七次应童子试上考中了，成为一名秀才，总算是开启了曾氏一族的科考大门。尽管只是区区秀才，尽管这一步跨了近二十年的光景，但对于曾氏后人来说，却是一种鼓舞与引领。

有了父亲做榜样，曾国藩在第二年也考中秀才，随后二十三岁中了举人，二十七岁得中进士。他成了这湘乡大界曾氏一门中的第一个进士。在曾国藩即将进京步入政界之际，祖父曾玉屏不免将这个让自己引以为豪的长孙叫至身旁叮嘱一番：如今你的才识是好的，官是做不尽的，但切要牢记戒骄傲自满之心。满招损，谦受益，仅仅一时的才识尚好是不行的，你要时刻记得我今日的话，让自己做到更佳才是好的。曾国藩谨遵祖父教诲，他日封官拜爵仍旧谨守本分，不忘祖训。

受到祖父和父亲的影响，曾国藩也极看重家规家训，对子女的教育很是上心。对于孩子，他既是父亲又是朋友，既是经师又是人师，孩子们爱他、敬他、崇拜他。除了勤勉不懈，曾国藩还是个善于反思之人。他常常教育自己的子女“慎独则心安”，也时常审视自己的言行，然后用崇高的信仰检视自己，并对照改正。他在劝勉子女勤读的家书中，就曾直言不讳自己少时的资质平庸，认为自己全靠以勤补拙才有今日的成就。

1870 年震惊中外的天津教案事件让曾国藩始终追悔莫及。一心想着通过内部改良来增强国力，而忽视民众意愿的他，在这件事的处理上显得软弱、无力。因此，直至临终，曾国藩都在检讨，并叮嘱儿子曾纪泽，在处理外交事务上，在面对洋人的咄咄逼人时，定要吸取自己的经验，定要不卑不亢。

曾国藩一生节俭自持，他曾对子侄说：“吾不望代代得富贵，但愿代代有秀才。”他生怕自家子弟染上官宦人家的陋习，便常写信告诫。

他常说："家勤则兴，人勤则健；能勤能俭，永不贫贱。"

经过一门三代的不断总结，在曾国藩的治家方略中，孝悌为首，并在"和以治家"的宗旨下，特别强调"勤以持家"。在他的教导下，长子曾纪泽精通诗画，苦学英语，最终成为近代出色的外交官。在处理西北边境危机中，他凭着昂扬的斗志和谈判艺术舌战强敌，从沙俄手中夺回了伊犁城，从而取得清末外交史上唯一的一次胜利。次子曾纪鸿喜爱自然科学，在数学研究上造诣颇深，最终成为著名的数学家。曾国藩的孙辈曾宝荪、曾约农等也都是著名的教育家和学者。曾氏后代秉承家族遗训，耕读传家，涌现出无数人才。曾家走出了以官宦传家的狭小天地，转而在教育、科技等领域展现家族风采。曾氏后代绵延至今近二百年，有名望的人士达二百四十余人，却从没出现过一个纨绔子弟。

家教理念

曾玉屏的甘守寒素、深明大义、耕读为本，曾麟书的循循善诱、教之有常、学之有心，曾国藩的孝悌为首、和以持家、勤以持家，成为湘乡曾氏一族的家训家规。曾氏家长对子女教育的重视程度值得我们敬佩。读书识理的以勤补拙，修身处世的识人慎行，生活置业的克勤克俭，治家侍亲的孝悌和睦……是他们人生阅历的总结与归纳。他们的教育意识极其强烈，他们的教育方式足以奉为经典。

一个耕农之家，也许家境并非富可敌国，却也算殷实无忧，靠几亩农田、一双手脚总还是可以安稳度日的。可曾氏家长从曾玉屏到曾国藩，一氏三代，都选择宜耕宜读，并凭着心中坚定的信仰与持之以恒将执念化成现实。一朝科举成功，曾国藩更加珍惜眼前的收获，对后代的严格督导更加成为曾氏家长最为重视的任务。他勤以持家，既重克勤克俭，又重身为家长的勤以身教，他一丝不苟地为孩子们做出榜样，公务再繁忙，也要抽出时间了解孩子的功课与思想。哪怕那学问并非自己所擅长的领域，他也会尽其所能去了解、去学习。

也许方法不免笨拙，却是一位父亲给予孩子的最质朴的陪伴。也正是因为他们的执着与信念，他们的坚定与不懈，才深深感化与影响着曾氏子孙的人生情趣与思想言行，最终让这个家庭走出一个个栋梁之才。

培养健全人格，发展德智体美

名人简介

国家的没落，造就了时代的乱象，却成就了一个教育家的辉煌功绩。作为教育家与革命者的蔡元培，被毛泽东誉为“学界泰斗，人世楷模”。他对父母尽忠尽孝，与妻子平等互爱，对孩子慈祥民主，对朋友重信重义。

他是中华民国首任教育总长，是教育家，也是革命家。蔡元培一生致力于废除封建主义的教育制度，他“思想自由，兼容并包”的教育思想，提出的学前教育主张，不但对当时中国的学前教育产生了积极影响，同时也对中国现代学前教育思想的发展做出了重要贡献。他所倡言的“完全人格，首在体育”对教育的改革起到了积极的作用。他的主张奠定了我国新式教育制度的基础，为我国教育、文化、科学事业的发展做出了富有开创性的贡献。

家教故事

1940年3月3日，七十三岁的蔡元培突然摔倒在家中，鲜血从口中流出，家人赶紧请来医生救治。为革命、为教育常年奔走，如今他躺在床榻上，神情安逸，仿佛睡着了一般。一年前于病中得知爱女威廉病逝的消息时，所有人都为这个古稀老人捏了一把汗。3 月 4 日，蔡元培病势转危，排血不止，精神骤衰，嘴里一直喊着威廉的名字。直至 5 日上午，未等得及献血的志愿者到来，这位伟大的教育家，这位年迈的父亲就已然长逝。那一年，蔡睟盎十二岁。

多年之后，父亲去世当日的情形仍然犹在眼前。每每想起，睟盎依旧心有悲痛。记忆中父亲清瘦却温文尔雅，他像朋友、像良师，眼睛里全是对他们兄弟姐妹的爱。可偶尔，睟盎总能从那双眼睛中寻到一丝忧郁。记得有一次，父亲给友人的画像上题字：家祭无忘。这让那时的睟盎更加难以理解，多少年后父亲离去，自己投身革命，她才理解那是家愁与国难留在父亲心中的痕迹，“家祭无忘”是一种道别，也是一种遗憾。

母亲是父亲的第三任妻子，年龄上虽与父亲相差二十余岁，两人的关系却甚好。当年的兆丰公园中，夕阳西斜时常能看到他们同行散步的身影。父亲生活在清末民初的动荡时代，经历了戊戌变法的失败，参与了辛亥革命的发起，见证了五四运动的成功，在云诡波谲的政治舞台上他留下了身影，更在进步与保守的较量中蹚出一条教育新路。

他本出身商人世家，家中唯有六叔铭恩与他是读书人。父亲早逝，致使家道中落。向来温厚孝顺的蔡元培在坚毅而敏慧的母亲的教导下苦心励志，从科举求仕到初显才华，转而因眼界的开扩洞察到国难当前唯有改良方可恢复中华。于是，他弃官归乡，开始了教育办学之路，企盼以教育改变国之命运。一路摸爬滚打，初任教育部长，他唯才是举，六年的北大治学使他成为教育界的传奇。他认定教育的宗旨是要培养具有健全人格的人，德、智、体、美四育并举是其应具备的基本素质。蔡元培一生奉献于教育，但给子女营造的家庭环境与氛围却很宽松，任由孩子们按照自己的个性自由发展。在蔡睟盎的眼中，他是一位慈父。她回忆自己小时候，还不识字，父亲便将书中的故事讲给他们姐弟听，等到稍大了能够识字，父亲便买来一套《小学生文库》给他们，那里面的内容有天文、地理、自然、科学、历史……总是让他们爱不释手。记忆中她第一次知道长征，便是从父亲带回来的《西行漫记》中。

时局的动荡不安使得父亲所提倡的教育路程举步维艰，人们生活在水深火热之中，活着便已是万幸，又何谈教育。为了不让姐弟几人因身居宅院而闭塞听闻，蔡元培与夫人想到了一个办法：他们与孩子们做游戏，游戏的名字叫“国际联盟”。实际上，就是每个人代表一个国家，然后轮流在国际联盟的“讲坛”上发言，阐述自己对时局的看法和立场。孩子们乐于进行这样的阐述与辩论，为了能够在游戏中发表看法他们也就必须多读报纸、了解时事。久而久之，他们不但养成了读报的习惯，口才也是一个比一个厉害。通过读报，他们了解了世界上第一个社会主义国家的儿童生活，更明确了自己对时局和政治的立场。想必，这也是蔡元培的目的所在。在他的引导下，几个孩子树立了正确的立场和人生价值观，蔡睟盎更是走上了革命的道路。

蔡睟盎说，父亲给他们最大的教育就是要他们成为一个正直的人。父亲是个浪漫的人，喜欢写诗。小时候的睟盎体弱多病，十岁那年父亲为睟盎写了一首诗，诗的后四句这样写道："望儿再历十年后，应世能名一技长。今日书痴非必要，练身第一要康强。"诗中充满着对女儿的厚望，同时也希望她能够自立自强，努力锻炼好身体。有一年，姐弟几个给在南京的父亲寄去了他们画的画。没想到，竟然收到了父亲的回信。弟弟怀新画的是房屋，父亲给他的信中希望他能"像屋脊一样挺拔"，而睟盎画了盛开的鲜花，父亲说："希望你像鲜花一样朝气蓬勃！"除了这些鼓励的话，父亲还一同寄回三本精致的纪念册，每一本上都精心题字作为勉励，给睟盎的那本上写着"智者不惑，仁者不忧，勇者不惧"，而给怀新的题词是"富贵不能淫，贫贱不能移，威武不能屈"，给英多的则是"好学近乎智，力行近乎仁，知耻近乎勇"。蔡元培就是通过这样的方式，培养孩子们的独立人格。

蔡元培早年游学欧洲，接触了很多新的西方思想与文化，对于西方的某些知识也很是赞同。然而在教育儿女时，他却懂得去粗取精，将两者相融，从不照搬照用。

睟盎记得，父亲与母亲感情甚好。他们常常携手散步，一边欣赏夕阳的余晖，一边吟诗相和。母亲喜欢画画，还曾经画过一幅父亲的肖像。因为睟盎幼时喜欢音乐，父母便鼓励她去一位俄罗斯女教师家学钢琴。父亲总觉得美育是能够陶冶人的情操的，因此为他们营造了这样一个富有艺术氛围的环境。

记忆中，父亲仿佛不曾对他们兄弟姐妹有过长篇大论的说教，却总是在细腻而不经意间教导他们做一个正直、勇敢、善良的人。父亲觉得，每个人的发展应是德、智、体、美的完美结合。他本身所具有的人格力量始终熏陶着孩子们，甚至影响了他们的一生。

家教理念

“家庭者，人生最初之学校也”是蔡元培对于家庭教育的看法。在他看来，“决定孩子一生的不是学习成绩，而是健全的人格修养”，于是便以德、智、体、美的全面发展，作为教育子女的最基本原则。

“智者不惑，仁者不忧，勇者不惧”是他对女儿“德”的教诲；读书，以丰富知识，增长见识，是蔡元培对儿女“智”的教育方法；早年女儿睟盎体弱多病，“今日书痴非必要，练身第一要康强”的教诲正是蔡元培重视“体”的表现；而对孩子诗词书画、音乐等方面的熏陶，则是对其“美”的培养。

蔡元培一生养育了八个孩子，除长子早夭外，其他孩子均有所长。作为教育家、革命家的子女，他们并没有按照世人所认为的那般或是从政或是学法，而是各自遵循自己的意愿，有的成为我国现代畜牧兽医事业的先驱，有的成为物理学家，有的成为画家，有的成为电子领域的工程师。

一门三院士，九子皆才俊

名人简介

梁启超是中国近代启蒙思想家、政治活动家、资产阶级宣传家、教育家、史学家、文学家，百日维新领袖之一，也是近代著名的“教育救国论”的倡导者。他将教育视为使中国起死回生的良药。在近代，他是屈指可数的著名教授之一，不仅在学校教育、社会教育方面唤起了一个时代的觉醒，培养了大批卓越人才，在家庭中更是一个慈父、良师和挚友。

家教故事

两三岁的梁思礼怀中抱着一只猫，踉跄着朝梁启超走来，他是来找梁启超告状的。梁启超略弯下身子，目光温柔亲切地看着这个正努力仰头看自己的小儿子。“爹爹，老郭真笨，我教他少小离家，他不会念，念成乡音无改把猫摔。”一面说着，梁思礼一面将怀里抱着的小猫摔在了地上，那模样和口气不禁惹得众人哄堂大笑。

年逾五旬的梁启超得了这个最小的儿子，又因为他聪明伶俐，长得最似自己，因此对他极为宠爱。跟哥哥姐姐们一样，梁思礼也有个外号，叫“老白鼻”，梁启超说是“老 baby”的意思。每每他给远在重洋的孩子们写信，总是称呼他们的小名或者直呼他们为“宝贝”，即使是嫁了人的女儿也被他这般甜腻腻地叫着。对于孩子们来说，他与妻子刚好互补。妻子严厉，尤其是教育孩子们时绝不心软，而他却亦师亦友亦慈父，亲切甚至还爱撒娇。病得很厉害的他给大女儿思顺的信中这样写道：“每到病发时便特别想得厉害，觉得若顺儿在旁边，我向她撒一撒娇，苦痛便减轻许多。”

梁启超看着这个调皮的小儿子，不禁回想往事。那时候孩子们都还小，妻子也还在世，他常常抱着孩子们亲不够。等他们稍微长大点，便陪着他们做游戏、讲故事，领着他们去海边游泳、钓鱼，或是在春天万物复苏时赏花、踏青。他爱孩子，却从不溺爱他们。孩子们也个个争气，虽说学的都不是当时的热门专业，但因都是各自喜欢的，梁启超便百分之百地支持他们、鼓励他们。次子思永立志要投身于考古事业，而作为史学大师的梁启超曾是最早介绍西方考古学理论、方法并重视遗址搜寻和田野发掘的倡导者，他曾在清华任教时担任中国考古学会会长，因此，他对儿子的想法很是支持。也是在清华，梁启超结识了李济，两人因许多想法的一拍即合成了亦师亦友的莫逆之交。而李济在不久之后成了中国著名的考古学家。梁启超很是兴奋，他连夜给在哈佛学习考古的思永写信，并殷切希望思永回国后能跟着李济一起从事考古发掘与研究事业。他甚至自掏腰包，让儿子能够有机会参加实地考古工作。孩子们的天性和兴趣自小不曾受到任何束缚，因此爱好也甚是广泛。比如，大儿子梁思成画得一手好钢笔画，但在音乐和篮球上也曾是学校里的风云人物，清华学校毕业后，获得了建筑系硕士学位，又在哈佛深造学习，研究中国古建筑。

梁启超平生最为遗憾的便是家中没有人学习自然科学。因为梁启超无意间的一句话，思庄便在升学时选了生物学。可因她只是为了父亲愿望的圆满，本身对这一学科并无多大兴趣，因此学起来很是吃力，成绩也并不理想。梁启超起先并不知情，还因女儿选了生物学专业高兴了好一阵子，可后来听思永说起，才知道女儿的学业并不顺心。这让梁启超百般后悔，他并不想将自己的意愿强加给孩子，于是立马写信给思庄："听见你二哥说你不大喜欢学生物学，既已如此，为什么不早同我说。凡学问最好是因自己性之所近，往往事半功倍……不必泥定爹爹的话。"后来，思庄改学了文学，总算没有酿成遗憾。

小思礼在父亲怀中不停地扭动身体，一会跳下去翻翻书柜中摆放的书，一会又爬上父亲的腿，捣鼓他桌上的纸张和笔墨。他的书房从前是不许孩子们进的，单单这个"老白鼻"是个例外。梁启超摸摸他的头，提笔给孩子们写信。"每天老白鼻总来搅局几次，是我最好的休息……""老白鼻一天一天越得人爱，非常聪明，又非常听话，每天总要逗我笑几场。他读了十几首唐诗，天天教老郭（保姆）念，刚才他来告诉我……"他在信中将思礼的调皮可爱告诉其他孩子们，也告诉孩子们自己对他们的想念。他像个老朋友一般，跟他们互诉衷肠。无论是家庭琐事、学业工作，还是世间人情百态，他们有说不完的话。对于梁思成兄妹来说，父亲的信就如同他们的依靠和精神支柱。

梁启超爱孩子，可他的爱并非无度。小时候的思成体弱多病，他便督促他勤练身体，多做运动。工作再忙，他也要抽出时间给孩子们讲故事。即使流亡在外，家书也仍旧不断。孩子们年龄大了些，能听懂书了，他便讲解那些经史子集给他们听，思永便是这般成长起来的。在思永牙牙学语之际，梁启超举家搬至日本定居多年，可他却不忘教孩子们学得一口流利的中文。就这样，在梁启超无微不至的教育下，他的九个子女个个菁秀。长女梁思顺成了诗词研究专家；长子梁思成是杰出的建筑学家；次子梁思永是中国近代考古学的开拓者之一；三子梁思忠虽英年早逝，却是一名毕业于美国西点军校并参加过淞沪会战的军官；次女梁思庄在放弃生物学后最终改学图书馆学，并成为我国图书馆学领域首屈一指的专家；四子梁思达是著名的经济学家；三女梁思懿被称为“燕京三杰”之一，后来成为著名的社会活动家；四女梁思宁在姐姐梁思懿的影响下投身新四军，从事宣传工作。而最令梁启超想不到的恐怕是他的小儿子，在他去世后，梁思礼辗转在外漂泊八年，圆了父亲当年的梦想，成了自然科学领域的佼佼者，是我国著名的火箭控制专家，也是我国导弹控制系统研制创始人之一。继思成、思永两位哥哥当选第一届中国工程院院士之后，他成为从梁家走出的第三个院士。

梁启超的孩子们这般优秀并非偶然，孩子们与他亲近、无话不谈，也并非完全出于父子本能。前一辈人家风淳朴且和睦，做人做事自成章法，后辈人自然而然便继承下去了。梁启超自幼聪慧，自小便深得祖父梁维清的偏爱。梁维清为人勤勉、忠厚仁爱并且治家严谨，常常帮助乡民，当年因不谙官场上的应酬而弃官教书，因此颇受人们的尊敬。小时候的梁启超最爱夜晚挤在祖父的床榻上，听他讲故事。他的故事仿佛永远都说不完，或是古今豪杰的壮志凌云，或是哲人名士的嘉言懿行，再或者是宋明亡国的史事悲剧。梁启超听得津津有味，开阔了见识。除了祖父，父亲和母亲在他的启蒙教育中也发挥着重要作用。

梁启超的父亲梁宝瑛是一个不苟言笑的谦谦君子。他一生勤奋好学，将“教子之方，读书为要”奉为真理。因此梁启超两三岁起便开始认字，六岁便开始阅读五经，到了九岁即可下笔千言，成为乡邻钦羡的小神童。梁宝瑛虽勤奋却始终没能考上秀才，一直在乡里执教。他是个热心肠，喜欢帮助他人。他对年少的梁启超要求极高，除了日常学习外，也会让他参与田间劳作。梁启超言行举止稍有不当，梁宝瑛便会当即更正。用梁启超的话说，他们兄弟几人的学业根底、立身根基，一丝一毫都来自父亲的教诲。也许在外人看来，父亲是严肃的，没什么嗜好，生活简朴单调。但在梁启超心中，父亲的形象却是高大的，他严厉却也慈祥，虽只是个文弱书生，但依然有着读书人的清高与责任感。他忠厚仁孝，祖父卧病多年，总是毫无怨言地侍奉在侧。这样的操守与为人处世的方式，如春风化雨般一点点渗透于梁启超的内心深处。浪游天涯一生，梁启超时时处处不忘家中亲眷，书信自然成了他传递思念情绪的工具。除了给孩子们写信，他也常常教孩子们替他问候、照顾年迈的祖父，教孩子们将自己的牵挂与问询一并转达。如同父亲当年的孝行一般，在父母亡故后，梁启超接回父亲的小妾来身边奉养。

梁启超的母亲赵氏出身于书香世家，知书达理，淑惠温润，能文善诗。梁启超从小机敏聪颖，备受长辈们的喜爱，因此即便是在梁家这样治家严谨的大家族中，梁启超偶尔调皮捣蛋也没人舍得训斥责骂他。承欢母亲膝下十五载，梁启超只被狠打过一回，那是因为他说了谎。

究竟为何说了谎已没人记得清楚。那一年梁启超六岁，只记得被母亲叫至房间盘问时，她那终日含笑的面庞不知什么时候换上了盛怒的模样，一时间让梁启超不知所措。可那时的梁启超鬼使神差地想要蒙混过关，却不想自己的心思终是逃不开母亲的法眼。心虚与侥幸的心思在胸腔里挣扎着，梁启超最终仍旧下定决心要矢口否认。见状，那往日里温婉柔和的母亲一把抓过儿子，用藤条重重地鞭挞了十几下，边打边说：“你若再说谎，将来便成偷盗，便成乞丐！”梁启超仓皇无措，直到藤条狠狠地抽在屁股上仍旧不敢相信这场景是真的，只是本能地哭叫求饶。可接下来，母亲的一番话，却震撼了他的心。“人为什么要说谎？或者是知道自己做了不该做的事，因此怕被别人责怪，于是便谎称自己没做；或者是有些事应该做却没有做到，因此也怕别人责怪自己，于是便谎称自己做了。不该做而做了的，或是该做而没有做的，已经是罪过了，如果是自己不知道罪过，还说得过去，以后知道了，或是经别人的提醒，就还可以改正。但说谎者是明知其罪过而故犯之，不仅故犯，还自欺欺人，自以为得计。人如果明知是罪过却故犯，且欺人而自以为得计，那么与窃盗的性质有什么不同？天下万恶，皆起于此！欺人终会被人所知，将来人人都会指着他说：这是喜欢说谎的人！那么还会有谁能信了他。既无人信，最后不沦为乞丐都不行了！”梁启超赶忙向母亲承认了错误。这件事在他心中也留下了不可磨灭的烙印，终其一生，他都再不曾说谎并且养成了知错即改的好习惯。

梁家耕读立世，家风淳朴，流脉悠远。从梁维清到梁宝瑛再到赵氏，他们强调道德修养的熏陶，将“义理”与“名节”视为立身之本，最终使这样一个家庭中走出一个举世公认的改革家，并培养出同样杰出的一代后人，成就了“满门俊秀”。

家教理念

梁启超是梁氏家族链条中的关键环节，是承前启后的关键人物。他受益于先辈的优秀家教与家风的熏陶，又将家族风气传承与发扬。他的教育思想与实践得家族风气，融西方科学民主之精。

他曾是旧时科举走出的成功者，却从不建立封建家长的权威；他关心孩子，却从不干涉孩子；他的爱是热情的，却也同样是冷静的。几十年中，他努力给孩子们一个温馨的家。他民主，他亲切，他博爱，他公正。他是孩子们的玩伴，是孩子们的大朋友。在教育孩子时，他引导却不改造；他提供辅助，却并不代劳；他因势利导，犹重趣味，严于律己，以身作则。

巧妙教子规则意识

名人简介

黄炎培，我国著名的民主革命家、政治活动家、教育家。

他出身于江南书香门第，父亲是清末秀才，以教书为业，母亲是大家闺秀，知书达礼。在这样良好的环境中成长，黄炎培自小博览群书，为人一身正气。他的座右铭“和若春风，肃若秋霜”正是他给人的第一印象。作为我国近代职业教育的奠基人，黄炎培为教育事业所做的贡献是不朽的。在对子女的家庭教育上，他的方法与经验更是值得我们借鉴与汲取的。

家教故事

小桥流水，绿荫环绕。门前一棵古老的银杏树，经历风霜，经过漫长岁月，早已辨不出它的年岁。这是一座典型的江南官宦宅邸，曾经孕育出江南最有名的几位才子佳人。雕花仪门，飞檐翘角，那里记录了宋庆龄姐弟美好的童年时光，走出过音乐家黄自，与“新文化旗手”胡适也有着不解之缘，还是黄炎培的故居。

说起这座宅子，与黄炎培渊源颇深。它名曰“内史第”，是清咸丰年间内阁中书沈树镛的府宅。沈树镛有一姐一妹，姐姐所嫁即为黄炎培之祖父黄典谟，妹妹所嫁乃是黄炎培之外祖孟荫余。黄典谟曾是国学生，与妻子共生育六子。黄炎培的父亲黄译林是其第三子，中了秀才之后曾做过私塾师爷，后来娶了孟荫余之女孟樾清。孟家时为望族，诗书世家，樾清自是知书达礼，贤良淑惠。1878 年 10 月，孟樾清生下了黄炎培。1887 年，黄译林将要北上就职，因此黄炎培随母亲到外祖家居住，并在外祖家的私塾就读。在这之后，父亲黄译林与母亲孟樾清相继去世，这个本就无田无产的塾师家庭渐渐没落。而此时的黄炎培在外祖的指导下遍读四书五经、诸子百家。后来，受到藏书广博的姑丈沈树镛之子沈肖韵的影响，黄炎培接触了很多西学书籍。

父母亡逝，外祖仙游，黄炎培要养活自己和两个妹妹。受生活所迫，黄炎培年未弱冠便白天赚钱打工、晚上笔耕撰文。他一面赚钱，一面读书，总算没有荒废学业。1897 年，他的诗文和人品得到王筱云的赏识，并因此与王筱云的女儿王纠思订婚。两年后，考中秀才的黄炎培与王纠思履行婚约。王纠思自幼受书香熏染，与黄炎培结婚后料理家事极尽勤俭，对黄炎培的工作亦十分支持。

其后，黄炎培考入南洋公学，接受了蔡元培先生的指导，并得到了很多新思想的启迪，开始一步一步走上“教育救国”之路。

黄炎培与王纠思共养育了五子四女。深知教育之重要，长期为教育事业奔走的黄炎培极为重视家庭教育。对于子女，他“重道德修养，严情操品行”，从小便约束他们的言行，避免他们养成陋习。这一天，黄炎培突发奇想，要试探一下孩子们。于是他找来一把鸡毛掸子，并把它扔在了地上。随后，他冲着正在楼下玩耍的孩子们喊道：“孩子们，赶快上楼来，爸爸有事找你们！”听到爸爸的召唤，大女儿黄路第一个跑上去。忽然看见地上躺着一把鸡毛掸子，小黄路心想：“是谁把它丢这的？可别被踩坏了。”于是她绕了一个弯，躲过了掸子，来到

爸爸跟前。见此情景，黄炎培微笑不语。紧接着小儿子必信也跑上来，他径直往前跑，跑到掸子跟前猛地迈出一大步，越过去了。小女儿素回跑上来时见自己落后于姐姐弟弟，又被这莫名其妙的掸子挡住了去路，一气之下便抬脚踢走了掸子。这时，王纠思也跟上楼来，他一眼便看见躺在地上的鸡毛掸子，于是弯腰拾起，将它放回原来的位置。孩子们的举动黄炎培都看在眼中。“爸爸，什么事啊？”孩子们好奇地问。黄炎培表情严肃地说：“为了那掸子的事。”孩子们怔怔地看看爸爸，不约而同地把目光移向那把鸡毛掸子。黄炎培问道：“你们可看见方才这掸子是在哪里的？”孩子们一头雾水：“在地上呢。”“那是谁把它捡起来的？”孩子们看向站在一旁的王纠思：“是妈妈。”“嗯，那为什么明明是你们先看到的，你们就不知道要把它捡起来呢？”“……”孩子们被爸爸问住了，他们仿佛从来没有思考过这样的问题，也并不觉得这是他们需要在意的事情。“你们看到东西乱扔却熟视无睹，妈妈却能顺手将它捡起来，放到它该在的地方。这是因为你们的妈妈长年累月都在操持家务，养成了勤劳整洁的好习惯。可你们并没有因此对妈妈有所感激，反而认为这些事理所应当不是你们该去想的，什么都依赖大人，这可怎么行？不会做家务，不能够料理自己的生活，大事小情都依赖他人的人，长大了如何指望他去为国家和人民做事情？”听到这里，本就懂事的孩子们意识到自己的问题，羞愧地低下了头。从那之后，他们总是争着帮妈妈做家务，并慢慢学会了打理自己的生活。

黄炎培的第五个儿子黄大能中学时在沪江大学附属中学就读。学校的环境好，学费也比较昂贵，所以在这所学校就读的学生基本上都是富家子弟，养尊处优的他们身上难免有些富贵人家的陋习。黄大能身处其中，难免受了些影响。他一些行为上的细节、做派，黄炎培有所察觉。黄炎培觉得：我们黄家可不能培养出一个贵族子弟来。于是，他果断将儿子转到上海南市陆家浜贫民区的中华职业学校。后来，黄大能要远赴英国留学，临行前黄炎培将自己平生坚守的座右铭稍做修改，亲手书写于卷轴之上赠与儿子。在国外的那些年，不时有朋友会指着卷轴上的字问黄大能是什么意思，尤其是最后一句“取象于钱，外圆内方”总是令很多人百思不得其解。每每这时候，黄大能都会解释说：“家父是在告诫我做人做事要追求真理，不被繁杂琐事侵扰，冷静应对。信守承诺、脚踏实地方能理直气壮。家父还说，切不能养成慵懒恶习，要时刻警策自己。对待同志和蔼可亲，有如春风暖人；对待坏人要像秋霜一样凌厉严肃。而这最后一句，家父是想告诉我，在原则是非的问题上，要爱憎分明，绝不可模棱两可、摇摆不定。就好像那古钱一样，要做一个外表随和、内里方正的人。”黄大能深谙父亲的教诲，历尽艰险求学归来与水泥结下缘分，将事业与爱国并举，成为我国著名的水泥混凝土技术专家。

1940 年，王纠思因病去世。两年后，黄炎培与姚维钧结合。为了表达对故去妻子的尊敬，黄炎培让孩子们叫继母为“先生”。而姚维钧也是善解人意的，在黄炎培的书房里始终挂着王纠思的照片。姚维钧总是叫自己的孩子们向照片行礼，对王纠思的子女也是十分关照。在黄炎培次子黄竞武被国民党杀害后，她将竞武的两个儿子黄孟强、黄孟复接至身边，抚养成人。

除了黄大能，黄炎培的其他子女也在各自领域卓有成就。他们或是艰苦朴素工作到老，或是孜孜不倦任教为师，或是铮铮铁骨直言为民，或是严守机密为国捐躯，或成为某一领域的专家学者，都为国家的建设劳心劳力。

家教理念

黄炎培生于“太史第”，自幼秉承勤学苦读的家风祖训，受到良好的家庭教育。受祖训影响，他教子严格，从不娇纵。

“理必求真，事必求是；言必守信，行必踏实。事闲勿荒，事繁勿慌；有言必信，无欲则刚。和若春风，肃若秋霜；取象于钱，外圆内方”是黄炎培用以自勉的座右铭，久而久之变成了黄家人代代相传的家训。这四十八字既是做人做事的准则，也是生活经验的总结。

暗示法教育，游戏式引导

名人简介

陈鹤琴自幼家境贫困，八九岁起便帮替人洗衣赚钱的母亲养家糊口，有时候还要忍饥挨饿。尽管家境困难，但陈鹤琴小时候父亲对他的管教甚为严苛。陈家自先祖传下来的家训是：“孩子要从小教起，恶习惯，不可养成的。”

陈鹤琴从小学习刻苦，后来终于得到了一个出国深造的机会。在师长眼中，他是一个真诚而淳朴的人；在朋友眼中，他是一个热情洋溢的人；在孩子和学生眼中，他是一个有着好脾气的父亲。

在国内外教育方式、方法相冲突以及国情和教育理念所造成的不同民风民情的冲击下，陈鹤琴越来越认识到教育尤其是儿童教育的重要性。因此，他提出，中国儿童教育的发展要适合国情，要符合儿童身心发展的规律。他是“中国幼教之父”，被誉为“中国的福禄培尔”，与陶行知、晏阳初、黄炎培并称为中国教育界四大圣人，20 世纪中国最杰出的教育家。

家教故事

1919年，在美国各地物色教员的南京高等师范学校教务主任郭秉文，看中了正在准备博士论文的陈鹤琴，于是向他发起邀请。陈鹤琴不假思索便答应了。身边的师长和朋友都劝他三思，但他却在三个月后登上了回国的破旧游轮。

回国一年后，1920年12月26日凌晨2时9分，陈鹤琴迎来了人生的重要时刻，他人生的“杰作”——长子陈一鸣出生了。这个小生命的诞生，让作为丈夫的陈鹤琴又多了一重身份，肩上的责任又重了一分，也让教育家陈鹤琴有了真真实实的研究对象。

“他在出生后的2秒钟开始大哭；45分钟后哭累了，开始打哈欠；12小时后撒下人生的第一泡尿；第8天，喝完奶后他闭着眼睛笑了……”这是父亲对于新生孩子点点滴滴的好奇与探索，也是一个教育家对儿童心理及生理特点的变化、对幼儿教育的摸索与探究。在一个崭新的生命不急不缓的成长过程中，这个家庭如实验室一般，父亲成了观察者与试验者，母亲是他的助手，儿子成了试验品和研究对象。在八百零八天的记录与观察后，陈鹤琴汇集出另一杰作——《儿童心理之研究》。

陈鹤琴是个与众不同的爸爸。从一鸣出生以后，除了对他进行细致观察、认真记录、反复试验以外，陈鹤琴很早便开始了对他的引导和教育。

这一天，阳光和煦，清风拂面，陈鹤琴带着不到两岁的一鸣在草地上玩。小孩子的世界无比简单、美好，赏花，观草，识虫，这样的事情让小一鸣乐此不疲。正玩得不亦乐乎，一只大蟾蜍一蹦一跳到一鸣眼前。小一鸣从没见过这么大个的蟾蜍，害怕极了。他一面将手高高举起，一面向后退，口中不停地喊着：“咬！咬！”那慌张惊恐的情绪直至缩在爸爸怀中仍没有丝毫的缓解。陈鹤琴一面摸着儿子的头，尽量安抚他的不安，一面拾起地上的一根小木枝。他试着用木枝轻轻地刺了刺那只大蟾蜍，小一鸣紧张地抓着爸爸的手，偷偷地抬眼看蟾蜍的反应。陈鹤琴又刺了刺蟾蜍的身体，并轻声说道：“蟾蜍，你好

吗？你也来同我们一起玩吗？”一鸣见爸爸同蟾蜍说话，紧张的情绪被好奇心抹去了一半，警觉地探着头看过去。陈鹤琴将手中的木枝递给儿子，小一鸣壮着胆子，在父亲的怀抱中伸手试探了一下这位“蟾蜍先生”的反应。许是被木枝刺痛了，抑或是对父子俩的“围攻”感到了害怕，蟾蜍将头缩在了它笨重而“巨大”的身体里。一开始，一鸣会跟着缩回爸爸怀里，反复几次后，一鸣放下了所有的警觉与害怕，呵呵呵地笑出了声，原来蟾蜍也没有那么可怕嘛！一鸣蹲下身子，直视着蟾蜍先生，学着爸爸的口气：“蟾蜍，你好吗？你也来同我们一起玩吗？”蟾蜍鬼使神差地发出“呱呱”声作为回应，两个小家伙就这样聊起天来。陈鹤琴很开心，坐在草坪上静静地看着这一刻的儿子。这一日，陈鹤琴教会了一鸣什么是勇敢。陈鹤琴觉得，孩子的胆子大不大，要看父母如何引导。有一次，天色阴沉，乌云密布，一阵狂风吹得树枝狂舞，不一会便雷电交加、大雨倾盆。陈鹤琴和太太抱着一鸣来到阳台，指着闪电对一鸣说：“你看！你看！”阴暗的天空突然被一根红色的“毛线”撕开了口，不一会便有一声巨响从远处传来。一鸣好奇地看着天空，兴奋地用手指指向“毛线”的位置，嘴里发出“哇哇”的惊叹。从那之后，每次打雷，陈鹤琴都会带着一鸣在屋子里欣赏。透过窗子，他指着让一鸣看远处的乌云：“你看，这里像一座山，那里像一只狗，这是狗尾巴，那是狗耳朵。”因为对电闪雷鸣后天空变化的好奇，一鸣从未对雷声害怕过，反而觉得奇妙。

两岁的一鸣对很多事开始好奇，对很多吸引他注意的事情也开始执着。有一阵子，他迷上了毡毯一类的东西。他总是喜欢把它们裹在身上，觉得这样有趣极了。这一天，刚从外面回来的陈鹤琴一进门便发现，儿子不知从哪儿翻出来一块又旧又脏的破棉絮，还把它当做毯子裹在身上，玩得别提多起劲儿。陈鹤琴本不忍打断儿子，可这棉絮太脏了，还不断掉出飞絮粘得儿子满身满脸都是，出于对儿子健康的考虑，陈鹤琴还是决定要阻止一鸣。可是，如若自己直接夺去那破棉絮，一定会吓到孩子，是否要用个其他什么东西转移孩子的注意力，再悄悄拿走那张破棉絮呢？仔细思量，陈鹤琴觉得，无论什么人，受引导而改过很容易，受责骂而改过却比较难。小孩子也是一样的，他们对某种东西、某种活动的喜爱更加纯粹，但他们也更喜欢听好听的话、夸奖的话、鼓励的话，他们更加不喜欢听恶言。最终，陈鹤琴决定一面暗示，一面引导一鸣丢掉那块破棉絮。他蹲下身子，将儿子叫到自己身前，拉着他的小手说："孩子，这是很脏的东西，我想你一定不会喜欢的，你是想要一块干净的，对吧？你应当跑到房里去向妈妈要一块干净的，好吗？"一鸣听了爸爸的话，眨了眨眼睛看着爸爸，坚定地"嗯"了一声，然后高兴地跑去找妈妈了。等到他从房间里出来，身上已经换了一块干净的毯子了。

小孩子都是喜欢做游戏的。一鸣的妹妹秀霞出生后，有一天陈鹤琴想要给女儿拍张照片。夫妻俩准备好了摇椅和相机，还没有将女儿摆到椅子上，调皮的一鸣突然跑过来，灵活地爬上摇椅，要爸爸先给自己拍照。陈鹤琴又是哄又是劝，小一鸣却怎么也不肯下来。陈鹤琴想了想，笑嘻嘻地对儿子说："一鸣！你听着哦，爸爸数一二三，等我数到三的时候，你就爬出来，爬得越快越好。"一鸣一听，以为爸爸是要跟他玩新的游戏，于是来了兴致，立马就答应了。陈鹤琴数到"二"的时候，他就按捺不住，一只脚已经踏在椅子外，两只手拽着摇椅的把手，目光闪闪地看着爸爸，急切地等待着爸爸的下一个指令。等到陈鹤琴的"三"刚刚脱口而出的时候，一鸣一跃而出，向爸爸显示着自己的身手敏捷。就这样，通过游戏陈鹤琴成功地让儿子从摇椅上下来了。

转眼一鸣三岁了，这一日他将自己的书搬到爸爸妈妈的卧室，玩起了过家家。他是卖东西的商家，弟弟、妹妹、爸爸是他的顾客。玩够了，玩累了，一本本书就那样摊放在屋子里的角角落落。陈鹤琴希望一鸣能够将书整理好放回原处，可是小一鸣却不依。僵持不下，小一鸣便喊着肚子饿要吃饭，并答应爸爸吃了饭再收拾。却不想吃过饭，一鸣又找借口，吵着闹着要睡觉，想着办法逃避打扫自己的“战场”。陈鹤琴也不恼，他看了看耍赖皮的儿子，说道：“儿子，爸爸帮你一起收拾吧！”说完，他“嗨嗬、嗨嗬”地叫着，弯下身子替一鸣整理起来。小一鸣平日里很喜欢这样一边“嗨嗬、嗨嗬”地叫着，一边把玩具、书本搬来搬去，因为那样子像极了船上的水手们。此时见爸爸这样叫着，声音那么有节奏，小一鸣觉得有趣极了。他赶紧跑到爸爸身边，学着爸爸的声音、跟着爸爸的节奏喊起口号来，不知不觉，父子俩边玩边做，凌乱了一地的书本很快就整理好了。

有一次，陈鹤琴在回家的路上看见一个菜农在卖番茄，脑海中突然闪现自己第一次吃番茄时的情景，腮边不自觉便有了酸涩的反应。那一次，因为他吃的是还没有成熟的青番茄，又酸又涩的味道让他难以忍受，结果好长时间他都对番茄避而不吃。直到很多年后，在朋友的影响下才又开始尝试，这一次的尝试，让他对番茄改了看法。成熟了的番茄红彤彤的，样子好看，味道也酸甜适中。陈鹤琴想着，便想将这美味带给孩子们尝一尝。为了给孩子们的初次品尝带来好的回味，陈鹤琴取出一个番茄放在开水里，然后一边剥皮，一边大声吸引孩子们的注意力：“瞧啊，这个番茄的颜色多红啊，多么好看！”孩子们被爸爸的声音吸引，看过去时，爸爸正在把手里的东西切成小块，一边笑眯眯地看着他们，一边往里面撒糖。这红彤彤的东西不是西瓜，也不是桃子，像一颗红色的“水球”。孩子们都围过去，眼睛盯着爸爸手里的新鲜玩意儿。热水烫过后的红色“水球”，这时候已经被爸爸切好放在碗里，空气里飘着的都是它淡淡的清香和白糖甜甜的味道。小孩子们忍不住，咽了咽口水。陈鹤琴拿起其中一块放在自己嘴里，边吃边满足地感慨：“好得很！好得很！”看爸爸吃得津津有味，孩子们按捺不住了，央求着爸爸给他们也尝一尝。陈鹤琴马上给他们一人分了一块，看着他们把番茄送进口中，然后说："怎么样？是不是很好吃？"对番茄充满了好奇的孩子们，原本对这个陌生东西的味道还是有那么一点点怀疑的，在爸爸的诱导下，竟发现这个红色的"水球"果真像爸爸说的那样好吃得很，水嫩多汁，清甜可口。

有着一个与众不同的爸爸，陈鹤琴家的亲子游戏总是别有一番天地。对于陈鹤琴来说，游戏不仅仅是用来帮助孩子们消遣的，游戏的过程也是用来教育和引导他们的好时机。因为这个与众不同的爸爸，陈鹤琴的儿女们对新事物的接受总是很轻松，总是敢于面对、敢于尝试。在陈鹤琴的精心教育下，几个子女大都走上了报效祖国、自立自强的道路。

家教理念

陈鹤琴很会利用暗示的方法引导孩子，因为他的悉心引导和暗示，孩子们对新事物没有抵触和排斥，很容易就接受了。在孩子第一次听见打雷、第一次遇见蟾蜍、第一次品尝番茄时，他总是能够用轻松的方法引导他们接受这些新事物。夸张的表情，刻意的声音，富于暗示性的动作，这些都是陈鹤琴引导孩子的方式。陈鹤琴认为，很多孩子之所以胆小，是受到父母行为的暗示和影响造成的，若想要孩子胆子大起来，做父母的就要以身作则。在一鸣摔倒时，陈鹤琴夫妇不急着抱起孩子，而是鼓励孩子自己爬起来，即使孩子摔破了，也不会大惊小怪。这样的教育方式的结果就是，到一鸣大一点可以学骑自行车了，即使车子和人一起摔倒在地，一鸣也会慢慢爬起来，然后扶起自行车重新骑。

陈鹤琴的另外一个妙招便是在游戏中教导孩子。在游戏中，让哥哥给妹妹让了位置，在游戏中打扫了房间的卫生……这样的方式既避免了父亲与儿子之间的冲突，也不至于伤害孩子幼小的心灵。孩子是独立的个体，如若一举一动都受到成人的管教，无意中便会抹杀了他们的天性，这样也就只能培养出穿着长衫的"小人"。

遵循儿童天性，重视礼仪教育

名人简介

丰子恺以融合中西画法创作漫画而著名，是我国现代画家、散文家、美术教育家、音乐教育家、漫画家、书法家和翻译家。他被称为“现代中国最像艺术家的艺术家”。他的很多作品是以子女为描绘对象的，比如《瞻瞻的车》，比如《阿宝赤膊》，等等。他的作品渗透着父亲对孩子的慈爱，他笔下的世界永远是恬静、悠然、与世无争的。也许这与他所生活的时代背景并不相符，但无论身在何处、境遇如何，他的眼睛总能捕捉到美好、爱与诗意，他的笔下也总能流露出慈悲与仁爱、纯真与烂漫。

家教故事

那是1933年，结束了十二年漂泊生活后丰子恺在老家石门的房子落成了，恩师李叔同为它题名“缘缘堂”。缘缘堂是丰子恺亲手设计和建造的，朴素，轩敞而明亮。这屋子不仅仅是全家人的居所，更是孩子们的乐园。

丰子恺请人在院子里搭起架子，这样一来，到了夏天在架子上铺上一大片竹帘，孩子们在那里玩耍就不会被烈日晒伤。若是摘下几张芭蕉叶子搁在地板上，躺在那凉爽的叶片上，还能透过竹帘缝隙看到蓝天和白云。想想那样的生活，就让人觉得岁月静好。

因此，在缘缘堂的日子，是丰子恺创作的黄金时代，也是孩子们最欢欣的时候。丰子恺对孩子的爱是细腻的。孩子们看似可笑、滑稽、懂事或者调皮的行为，都让丰子恺沉醉。那时候，孩子们成了他画里的主角，孩童是他作品永恒的主题。丰子恺看孩子们的眼神中，总是透露着真诚的欣赏。华瞻小时候调皮得很，个子还没有椅子一半高的时候，就整天想着要搬动它，所以常常是自己和椅子一起翻倒在地上。有时候他还会偷偷把丰子恺的茶杯藏起来，藏在抽屉里，藏在柜子里，藏的时候却不去看那杯子里是不是有水，横转着就搁了进去，结果总是弄湿爸爸的东西。他还总是嚷着闹着，尽要做些不可能的事，比如要将那皮球放在壁上，要拉住火车的尾巴，要月亮出来，要雨停下来。这些他以为父亲可以办到的事情却从没有实现，于是他便总是抓住父亲哭闹个不停。每每这时，丰子恺的夫人便会来喝止，教训华瞻，可丰子恺却觉得这是孩子的天真与可爱，是他富有创造力和求知欲的表现。

有一次，长女丰陈宝拿了一双软软的新鞋子套在了凳子的脚上，又脱下自己脚上的鞋子也套在凳子脚上。她得意地叫着“阿宝两只脚，凳子四只脚！”好像自己发现了什么伟大的秘密一般，兴奋极了。可这时候丰子恺的夫人走出来，喊着“龌龊了袜子！”便将小阿宝擒到藤榻上，动手收拾了女儿弄出的“残局”。在丰子恺眼里，夫人真是煞风景，她毁坏了女儿的创作，却还不自知。

有时候，丰子恺想，自己对这些孩子的爱，怕早已不仅仅是父亲的慈爱，不知不觉间竟多了一些崇拜。

有一天，弄堂里远远地传来一片叫卖声，“咿呦咿呦”的听不清楚。那声音越来越近，孩子们拿着画笔的、正在验算的都抬起头，侧着耳朵认真地听。一个孩子瞪大了眼睛。“小鸡！小鸡！”他叫起来，其他的孩子便也放下笔，兴高采烈地冲下楼去。房间里一下子空了，只剩还没缓过神来的丰子恺。他扶起被孩子们带倒的凳子，拾起滚在地上的铅笔，脚步还没有迈向楼梯，便听见院门口孩子们兴奋的声音：“小鸡！买小鸡！买小鸡！”隐约间听见叫声中夹杂着哭声，丰子恺慌了，赶紧跑下去。原来是元草跑下去的时候跌了一跤，一面因着膝盖跌疼了不能再跑，一面又担心小鸡被哥哥姐姐们抢走了，于是就这么“绝望”地哭起来。丰子恺扶起元草，领着他走向门口。孩子们正在朝不远处挑着担子的人招手，示意他朝这边来。元草见了，立马松开父亲的手，加入了哥哥姐姐们的团队。他们跳着、叫着，叽叽喳喳，丰子恺想：这不就是一群小鸡嘛！

孩子们一面叫那商贩过来，一面嘴里喊着“买小鸡”，一面回头看父亲。此时，元草刚才哭花了的小脸上还有泪珠，那泪珠随着他的跳动一颗一颗掉在地上。孩子们的喊声更大了，声音里渗透着满满的渴望和请求。丰子恺对这种小动物并没有什么兴趣，甚至觉得它们有些麻烦。但想着孩子们生活在这单调的小屋里没什么趣事，日子本就平淡寂寞，终究有些不忍。此时，小贩挑着担子已来到他们身前，小贩揭开其中一个担子，那叽叽喳喳的叫声一下子变大了，里面足足上百只橙黄柔软的小家伙们像雪球一样挤在一起，它们也是仰着头，也是一个个叽叽喳喳叫不停。丰子恺挠挠头，觉得它们真是像极了他的孩子们。心想，有小动物陪着他们玩，总是一件不错的事吧，于是丰子恺答应了孩子们的请求。

孩子们凑上前去，通过笼子的小孔用手指轻轻触碰那些“雪球”

的身体，有的甚至伸了手在笼子里，马上就要将“小雪球”抓出来了。小贩忙把盖子盖回去，叽叽喳喳的声音变小了很多。孩子们有些惆怅和失落，有的攀住丰子恺不肯放手，有的直接去摸爸爸的口袋。丰子恺问那小贩：“小鸡卖几钱一只？”“一块洋钱四只。”这样小的，通常只要二角半钱一只，显然是小贩见孩子们的阵势，断定丰子恺是舍不得拒绝的，所以就地抬高了价钱。丰子恺虽看透了他的心思，却也不忍拒绝孩子脉脉含情的目光，便想跟那人还价。怎知，那小贩担起担子便走，嘴里还喊着：“没有还价！”

孩子们哪知其中道理，不住地叫喊“要买！要买！”那小贩闻声越走越快，没有停步，只是略微转头又吆喝着叫卖。丰子恺没有叫停他，任他渐行渐远。元草便将喊声变成了哭声，几个哥哥姐姐也是眼巴巴地看着那个已经远去的背影，眼里含着泪。丰子恺无奈，掩住大哭的元草的嘴，向那小贩远远地招呼：“二角大洋一只，卖的吧！”“没有还价！”那人昂然地前行，背影消失在弄口转角，只传来悠长的叫卖声：“卖——小——鸡！”不一会，那叫卖声不见了，独留下缘缘堂门口丰子恺身旁大哭的孩子们。

好心的邻居大嫂走出来，倚在门上，笑着安慰孩子们：“不要哭了，这两天来卖小鸡的人多得很呢，一角钱一只也能买到的。等一下有人来卖了，我叫你们出来！”丰子恺谢过邻居，好不容易才将哭闹的孩子拉回院子。他一面为元草擦去脸上的泪水，一面对孩子们说：“你们大家嚷着‘要买，要买’，那人就不肯还价了！”元草听不懂父亲的话，只是伤心地哭着，几个哥哥姐姐倒是对父亲的话若有所思。丰子恺继续说道：“我们等一会再来买吧，隔壁大嫂会来喊我们的，但你们下次……”

原本，丰子恺想要告诉孩子们“看见好的嘴上不可说好，想要的嘴上不可说要”，可他抬头看着这春日里的明媚与孩子们天真烂漫的眼神，还是没有接着说下去。这样的口是心非怎可让孩子过早地接触，与其让他们无所适从，倒不如永远保持一颗纯真的心。

丰子恺爱孩子是众所周知的，这从他的漫画作品就能看得出来。丰子恺自然也知道，真正爱孩子是要让他们受教育，所以他对孩子的读书学习极其重视，从不纵容娇惯孩子。

礼仪教育在丰子恺家是重头戏。生活中的琐事，都是他教育孩子的契机。

长女丰陈宝小时候什么都好，就是喜欢撒娇。小孩子难免分不清场合，也就难免在外人面前失了礼。有一次，丰子恺在餐馆宴请朋友，几个孩子都在。丰陈宝吃饱了，便吵着要回家去。丰子恺不想当着客人的面指责孩子，便伏在她耳边小声地说："客人还没有走，作为主人是不能急着说走的。"见父亲的样子严肃认真，丰陈宝似懂非懂地点了点头，安静了下来。宴席结束后，丰子恺对孩子们解释道："我们家请客，小孩子当然也是主人。主人比客人先走，是对客人的不尊敬。就好像嫌弃客人吃得多，这很不好。"见孩子们听得认真，丰子恺继续道："下次家里再来客人，你们应该面带微笑，起立主动问好。对客人的提问，必须认真回答。要以小主人的身份热情招待客人，为客人端茶送水，而且一定要双手捧上，不能用一只手。如果用一只手给客人端茶、送饭，就好像是皇上给臣子赏赐，或是像对乞丐布施，又好像是父母给小孩子喝水、吃饭。这是非常不恭敬的。在父母与客人交谈时，不要随便吵闹。不对客人评头论足，不讨要礼物。还有，要是客人送你们什么礼物，可以收下，但你们接的时候，要躬身双手去接，以此表示敬意。"

元草自小胆子很小，丰子恺为了锻炼儿子，便借着去上海工作带上了他，想让他见见世面。那一天，来了位客人，是元草从未见过的。客人与丰子恺交谈了好久，转头看到元草，便热情地和他打招呼。元草本就害羞，又如此的毫无准备，因此就呆呆地站在那里，不知所措。丰子恺看到这一幕，很不满意。客人走后他叫来元草，为了不让儿子产生抵触的情绪，尽管生气他仍旧保持平和的语气对儿子说："刚才那位叔叔向你问好，你怎么不理睬人家？客人向你问好，你也要向人家问好；人家和你说再见，你也要和人家说再见，以后要记住。”

丰子恺爱子女，而子女们也是十分争气，三子四女皆学有所成，虽没有人继承父亲衣钵，却都在各自领域发挥所长。

家教理念

在丰子恺看来，儿童的世界就该是屋顶可以拆去，因为这样能够看风景；床上可以长出花草，因为这样能够嬉笑玩耍；凳子的脚可以穿鞋子，因为孩子们的脚上也有鞋子……孩子们的身上，有着大人没有的灵气，他们真实，他们可爱，他们纯洁。即使他们的行为是幼稚的，是可笑的，是滑稽的，是不对的，大人们也不应该过早地打破他们的纯真，过早地将大人的思维硬塞给他们，过早地让他们面对规矩和原则，过早地让他们面对虚伪与丑恶。因为在面对那些的同时，他们原本的想象力和创造力也会随之消失。大人们不应该强迫孩子们去适应自己的世界，接受成人的行为标准和审美尺度。畸形的成长方式，是违背儿童自然天性的。

除了保护孩子的天性，欣赏孩子的童真，挖掘孩子的潜能，礼仪教育也是丰子恺家的重头戏。但是，只单纯地告诉孩子要懂礼貌是不够的，丰子恺更加重视让孩子懂得如何做才是懂礼貌，他从生活中的细微小事教起，及时指出孩子行为的错误。他从不惩罚，因为他认为惩罚是没有用的，给予孩子具体的指导才是必要的。

父母之格局，儿女之方向

名人简介

张元和、张允和、张兆和、张充和四姐妹是“中国最早的新女性”，也是“最后的大家闺秀”。在父亲开明的教导下，她们接受新思想和新教育，独立，自主，意蕴丰满。但同时，她们也拥有传统女性的温婉静和的气韵和风度。

父亲的影响使得四姐妹各具风姿，而她们的兴趣都十分广博，她们最为热爱的始终还是读书和昆曲。尤其大姐元和，最终成了昆曲家，与顾传玠成婚后，夫唱妇随，八十岁仍旧与曲友登台义演。允和虽做了四十多年的“家庭妇女”，却致力于写作，著有《最后的闺秀》《昆曲日记》等，并续办了家庭刊物《水》。她的诗作有风骨，有神韵，情致浓烈，富有生活情趣和哲理，虽饱含女子的细腻却不失阳刚之气。兆和自小留短发，穿男装，骨子里潜藏着隐忍，即便“文革”下放时历经苦难，依旧坚强。在丈夫逝世后，专心为其整理文稿。充和精通诗书、音律与昆曲，国学底蕴深厚，被世人称为“民国最后一个才女”。无论姐妹四人曾经有过怎样的坎坷与波折，她们都如父亲一般，不慕虚荣，即便人生遭遇磨难，依然坦然面对。

家教故事

朱伞长街，青瓦窄巷，姑苏城内的九如巷里，走出过四位佳人。她们出身大户，既有传统女性的雅致，又不失现代女性的独立与自信。尽管人生曲折不断，她们依旧坚守家族的品格，认真地过活。

四姐妹的幼年在安徽，一个常年烟雨濛濛的小城度过。1913 年，辛亥革命后，父亲张武龄携全家迁至上海，离开了那个闭塞而落后的城市。从此，一家人开始了崭新的生活，姐妹几人的命运，彻头彻尾地被改变。“五四”运动后，接受新思想的张武龄已不满足于诗书传家，开始致力于创办女子学校。1921 年，他在苏州城内兴建校舍，创办了乐益女中，校舍西面的五间楼房便是张家宅院，学校大门设在九如巷上。

从前的张家是名门贵族，至张武龄一代仍旧家境不衰，张武龄有十个儿女，个个都有出息。张武龄的祖父张树声曾协助李鸿章剿灭太平天国，而张武龄一改张家世代从政的传统，做了一名淡泊名利的笔墨书生。他不求功名，悉心养育儿女，一颗心全部投入在教育上，创办学校，推动女子教育。

儿女的独特，成就了张家的不凡；父亲的格局，指引了女儿的方向。

大姐元和端庄清雅，凛若秋霜却内藏深情。她执着于昆曲，一到了那舞台，便仿若成了另一个人。得遇知己，她抛弃时代偏见，与昆曲小生顾传玠携手相伴，即使遭遇艰难世事，彼此也不曾离弃。

二姐允和侠肝义胆、风趣好动，与语言学家周有光伉俪情笃，一起走过人生风风雨雨。她的人生、境遇与爱情，无不彰显热烈与坚定。

三姐兆和单纯可爱、毫不造作，与丈夫沈从文虽有磕绊吵闹，却仍旧相守一生。她是他笔下的灵感、作品的原型，她却在丈夫离世后，于孤独中品味过往，方才读懂他，方才肯将心中的思念袒露。

小妹充和才华卓著，诗书音律都有涉猎，自小由堂祖母养育教导，举手投足尽显闺秀风范。充和与汉学家傅汉思婚后定居美国，夫妻合作，为中美文化的交流做出了贡献。

她们的兰心蕙质离不开家人的熏陶。是满心慈悲的祖母，生性恬淡的母亲，通达幽默的父亲，还有各有所长又不卑不亢的“干干”们，让她们活得如此优雅。家族赋予她们同样的珍贵品格，出自同门的四姐妹，却活得各有精彩。即便在纷乱的年代，她们也依旧温婉，依旧精致，不曾世俗，不曾草率。

母亲陆英是管家的好手，但受家务和田间生产所累，她无暇照顾儿女。于是，每个孩子断奶后，她便精心挑选一名专门照看孩子的保姆。孩子们称保姆为“干干”“姆妈”，而称陆英为“大大”。陆英识人的本事强着哩，兆和的朱干干老实可靠，做起事来极为认真，管教孩子更是严厉，陆英便让她负责收拾内室，为自己梳妆打扮，有时候自己的心事也会向她诉说。允和的窦干干最擅烹饪，于是便被安排负责全家人的早餐，照顾生产后的陆英。而高干干的记忆力是无人能及的，尽管不识字但她的数学甚好，依靠着她，陆英总能对一众亲友的生辰或重要日子了如指掌，然后礼数周到地把事情处理得妥妥帖帖。陆英也是大户人家出身，读书识字不在话下，为了培养孩子们，她曾发动家中的干干们一起读书认字。兆和印象中，几个干干里朱干干最认真刻苦，学得也快，她会花自己的钱买纸练字，每晚都要在煤油灯下捧着一本《三国演义》或是《西游记》什么的苦读。如果遇到了不认识的字，便一脚踢醒睡着的兆和来问。果然，不久她便能自己阅读好些书了。

所以，尽管母亲陆英很忙，但张家的孩子们从来没有缺少过爱。她们的故事是从干干那听来的，她们犯了错被惩罚时最着急的也是干干们。但干干们也是严厉的，那时候兆和的食量大，往往窦干干还在摆桌她便已经坐过来等着吃了，干干见了便会赶她出去，让她一定要等老师来了才可以靠近饭桌。干干们虽是保姆、下人，却个个有骨气，她们也影响着孩子们。那次兆和又被窦干干赶下桌，朱干干心疼得很，拿出白粥和腌菜给兆和当早点，并说：“咱们不吃她们的早点，我拿腌豇豆给你吃。你得记得，得不到自己想要的东西时不要显得可怜兮兮。”有时候允和欺负了兆和，兆和垂头丧气时，朱干干则会说：“别想了！没什么了不起。去喝你的粥吧，吃完就没事了。”所以啊，兆和骨子里的坚韧和隐忍、身体的强壮和康健都是来自朱干干的影响。

姐妹中允和生来体弱多病，却也因此而得到父母更多的纵容和宠爱。她最像母亲，组织能力强，胆大任性却依然端庄大度。母亲过世后，因为姐姐元和在学校寄宿，她便成了家中的“大姐姐”，照顾弟妹的担子也便由她扛起。

张武龄极为重视子女的教育，思想也开明。辛亥革命后他带着全家来到上海，一是为了回避庞杂的宗族事务，二是为了能够离开闭塞落后的地方，给孩子们一个更好的成长环境。同时，他想要靠自己的力量投资办学，让更多的孩子受到教育。他为孩子们请了三位老师，扬州的于先生教古文，安徽的王先生教地理和历史等，苏州的女教师则教她们算数、常识、跳舞等。他不会干涉老师的教学，但却会参与教材的编选，他从《史记》《孟子》这些经典中精选出一些文章，然后请专人写讲义，再给女儿们读。作为父亲，他希望给予孩子们的是最大限度的自由和个性发展空间，尽其所能给她们最好的教育。

1914 年初夏，充和出生的时候，因为是第四个女儿，想要抱孙子的张武龄母亲一直沉浸在沮丧之中，亲戚朋友也都为之惋惜，只有张武龄兴奋依旧，依照三个姐姐的名字，为女儿取名充和。他给每个女儿取名字时都很讲究，元和、允和、兆和、充和，没有含花带草的妩媚，却都有一双腿，他希望女儿们能够如自己的名字一般，用双腿迈出闺门，立于世，行于道，去大千世界走一走、看一看，做一个内涵丰富、内心强大的人。

张武龄喜欢书，常常手不释卷，他家中的藏书在苏州城内也是出了名的，数量多，品种全。张家有四个大书房，张武龄一间，陆英一间，孩子们共用两间；而在书房楼上还有一个大的藏书的库房，数以千计的古籍书卷和不计其数的古文雕版全都放在那里。张武龄给孩子们营造了读书氛围，让她们从小便遨游在书海里，学会了知识，体验了乐趣，也获取了人生的慰藉。

张武龄是个豁达的人，他幽默风趣，对新思想、新事物能很快认识和接受。他总是那般和蔼，那般亲切，对家人或佣人都毫无架子。对待孩子们，他更像个朋友，对书中内容的领悟和心得他会说与孩子们听，脑子里闪过的想法他会分享给孩子们。因为孩子们喜欢昆曲，他便在家中搭了戏台子。他还设想过要在院子里造一个溜冰场，要把那辆用旧了的脚踏车改上一改……他教育孩子的方式便是无拘无束、天马行空地玩。家中任何地方都是孩子们的乐园，藏书房是她们的琅嬛福地，院子里是她们的游乐场，池塘边，假山上，到处都是她们的身影。在张家，孩子们可以肆意地玩，张武龄给了孩子最大限度的个人空间。但他的家教也是很严的，他可以纵容她们有自己的喜好，但却唯独厌弃赌博。有一年除夕，张武龄撞见孩子们正和家里的仆人一起丢骰子、玩骨牌，尽管知道孩子们只是偶然玩玩，他也无法容忍。他和孩子们谈条件，倘若她们不再玩，便给她们找个昆曲老师。张家的孩子对昆曲都有不解的情结，孩子们自然是答应了。除此之外，张武龄格外看重礼仪。长大后的四姐妹回忆，那时候家里来了客人，她们必定要站在客厅的一侧，规规矩矩地跟客人打招呼。佣人端上糖果盒子，她们要安静地依次退出，绝不可以在客人面前吵着分糖果。父亲给了她们最大限度的自由和空间，却将分寸拿捏得恰到好处。

在教育办学的道路上，张武龄很是成功。尽管从他所创办的乐益女校中毕业的学生并不多，但他所付出的精力却是满满的。十几年来学校所花费用全部由他自己承担，坚决不接受任何资助，无论教会的赞助、好心人的募捐、政府的津贴，都一概谢绝。因为唯有如此，他才能坚持纯粹的办学，容纳各种先进思想，尊重学生的个性和人格。以至于这样的后果是，自己的孩子们往往在开学前都要担心自己是否能够顺利返校，因为她们可能没有足够的钱交学费。张武龄所聘请的老师不问出处，只管书教得好。孩子们那时候只知道父亲是个教育家，

学校里有一批思想进步且民主的老师，他们学问大得很，却不知道，他们中好些人是共产党员，更不知道，苏州的第一个共产党支部就建在乐益。有的富商笑话张武龄太傻，竟把钱花在了别人的孩子身上，可四个女儿却不以为然，在她们眼里，父亲是她们的骄傲和榜样。

家教理念

张家四姐妹，四位饱读诗书、气质秀雅的女子。她们是名门淑女，家庭传承给她们的，是淡薄，是豁达，是坚韧，是大爱。

家族的风气赋予了她们人生的基调，父母的格局指引着她们人生的方向。母亲的勤勉持家，父亲的以身作则，无时无刻不在感染着姐妹四人。作为父母，张武龄夫妇在充分给予孩子们爱与自由的同时，懂得拿捏分寸。他们不强势，更不强制，选择以启发和感染的方式让孩子们了解自己的兴趣，于不知不觉中接受教育。他们的眼界是开阔的，孩子们看得自然深远；他们的志趣是高雅的，孩子们自然得到正能量。因为他们心胸的宽度和人生的格局，才有了姐妹四人的精神境界和胸襟气度。

也许，阶层的差异并不能够决定孩子的发展，但知识水平、认知能力以及教育方式的不同却能够体现在孩子身上。因此父母自身的格局，决定着孩子所能达到的高度与深度。作为父母，应该努力提升自己，使孩子获得更多积极的影响。

“影子”父亲有妙招，“教”与“不教”在精神

名人简介

钱学森，二十五岁加入加州理工大学的“火箭俱乐部”，是这个俱乐部的五位创始人之一。这个俱乐部就是如今 NASA 旗下著名的喷气推进实验室（JPL）的前身，它主导了 NASA 包括月球和火星探索在内的诸多项目。他曾在美国拥有最高级别的安全通行证、参与绝密的军事项目研究、在五角大楼自由出入，时间达八年之久。年仅三十六岁，他就成为美国麻省理工学院的终身教授，而对于大多数教授来说，这需要从事二十年以上的教学、咨询和管理工作才能获得。

他不仅仅是中国人心中的航天之父，也是曾被美国人认为“不管在哪里都抵得上五个师”的杰出科学家。他的“钱学森之问”的提出是对中国“为什么不能冒出杰出人才”的忧虑和质询，直击中国教育之现状的要害，成为近年来教育领域中的热点问题之一。

家教故事

西湖之东，杭州老城，马市街小营巷里的方谷园，是钱学森的故居。虽生在上海，但三岁之前的

时光，他与父母是在这里度过的。

父亲钱均夫任教于浙江省立第一中学，是位正直严谨的先生。据说钱氏一族祖上是五代时期吴越国王钱镠的后裔，钱均夫便是钱镠的第三十二世孙。钱镠治国有略，治家有方，生前曾订立治家八训，就是后世所称“武肃王八训”，临终前又留下十条遗训，这些家训世代相传，激励着钱氏后人。直至清末，举人钱文选经过采集整理，将“武肃王八训”与“武肃王遗训”收录整理成《钱氏家训》，供钱氏子孙“上承祖祢之泽，下广子孙之传”，以致钱氏后裔经久不衰。

三岁后，因为父亲工作的调动，钱学森跟着父母来到北京，直至十八岁。记忆中，他们所居的四合院，青灰砖瓦，多有花木。父亲是个教育家，书房里自是有很多藏书。那里对于钱学森来说简直是琅嬛福地。父亲常常抱着他，读故事给他听，给他讲鲲鹏的故事，陪他看《水浒传》。有一日，钱学森问父亲：“《水浒传》中的一百零八个英雄，原来是天上的一百零八颗星星下凡的。人间的大人物，是不是都是天上的星星变的呀？”钱均夫笑了笑，摸着儿子的头说：“《水浒传》是人们编写的故事，其实所有的英雄和大人物，像岳飞呀，诸葛亮呀，还

有现在的孙中山，都不是天上的星星，他们原本都是普通人，只是他们从小爱学习，有远大的志向，而且又有决心和毅力，不惧怕困难，所以就做出了惊天动地的大事情。”钱学森一听，眼睛里闪着星星，兴奋地看着父亲说：“英雄不是星星变的，这么说我也可以做英雄了！”父亲高兴地对钱学森说：“你也可以呀，但是你必须先好好读书才行。”这句话，深深烙在钱学森心上。

钱学森的母亲章兰娟，从小家境殷实，是个聪慧灵秀的女子。她的记忆力极好，对数字也很敏感。在丈夫忙于工作时她便成了钱学森的老师。她要求钱学森每日清晨按时起床，强身健体，早饭后背诵古诗，读些浅显易懂的读物，午后或是画画或是练习毛笔字。每日如此，从不间断。除此之外，章兰娟还常常给钱学森讲故事，讲岳飞的精忠报国，讲文天祥的以死明志，讲范仲淹的先天下之忧而忧……母亲的教育使钱学森从小便沐浴在国学文化中，那些家国大义、民族尊严老早便在他的内心深处扎根发芽。在钱学森的记忆中，母亲最爱的便是院中那一缸荷花。每到夏季，那口雕花水缸里总会开满亭亭玉立的荷花，翠绿与淡粉相互掩映，濯而不妖，清丽婉转，像极了母亲的气质。那时候，钱家附近住着很多穷苦人家，到了深冬，饥饿与寒冷让人度日艰难。钱学森清楚地记得，家中那扇镶着两个浑圆的铜把手的漆黑大门总是开着，一有落魄的乞丐从门前经过，母亲就从厨房里端出盛满饭菜的大瓷碗送给他们。

自幼成长于良好的家庭氛围之中，秉承父母教诲，钱学森养成了读书好学的好习惯，加之天资聪颖，年少时便崭露头角。在学校里，他是游戏的高手。那时候男孩子们喜欢玩“投飞镖”，那是一种用纸片折成的头部尖尖、有一副向后斜掠的翅膀的小玩意儿，向空中掷出，盘旋回转，像小鸟一般。孩子们常常比赛，看谁的飞镖飞得最远，却无论是谁总是在钱学森这里败下阵来。他的飞镖不但飞得远，而且飞得稳。有的孩子调皮，抢来他的飞镖，拆开来想一探究竟，看看里面藏了什么“鬼”，结果他们发现，却也只不过是一张有了折痕没法展平的纸而已。见小伙伴们既好奇又纳闷，钱学森便红着脸拿过自己的飞镖说："看吧，我的飞镖也是用纸折成的，并没有你们说的'鬼'……我的飞镖飞得远是因为它是在我一次次的试验与失败后不断改良而成的。我折飞镖用的纸比你们的光滑，减少了阻力。再有，这飞镖的头也是有学问的，不能太重，重了飞起来的时候就会往下扎；也不能太轻，轻了向上飞的时候就飞不高，而且容易掉下来。还有这翅膀，太小的话飞不平稳，太大的话飞不远，爱兜圈子。所以啊，我的飞镖没有什么'鬼'，只是每一部分都恰到好处而已。"钱学森的才能，也许在那个时候就已经展现了。

后来，他留学美国，三十六岁便成了美国麻省理工学院的终身教授。中华人民共和国成立初期，钱学森几经波折辗转回国，此时的他已是航天领域的佼佼者。于是，他开始了对新中国航天事业的伟大贡献。

与钱学森年少时期相比，儿子钱永刚和女儿钱永真的蒙学经历便没有那么丰富多彩了。因为工作性质的特殊，长年奔波，总是离家，一走便是数月，钱学森对儿女的关注很少。那时候，钱永刚才上初中，成绩还算不错，但在老师眼里，父亲是科学家，母亲是音乐家，这样家庭出身的孩子，成绩自然要拿满分才属正常，而钱永刚总会有那么几门课拿不到满分。起初，钱永刚并没有意识到自己的成绩有什么问题，成绩单拿给父母看的时候，他们也未置可否，尤其是父亲，不过是一笑了之罢了。直到有一天，班主任找到他，对他说："你知不知道，你的问题出在哪里？"钱永刚莫名其妙，不知道怎么回答。"你的问题就出在你对自己的要求不高，太放纵。像你这样的家庭，应该消灭四分，全拿五分才对……"与老师谈话之后，钱永刚若有所思。父亲每次看他的成绩单后那个笑容莫非是对自己成绩的不满意？恰好当晚父亲在家，钱永刚便向父亲说起这事。钱学森听了，笑着进了书房。坐在饭桌前的钱永刚却好似从父亲的笑中得到了答案，从那天起，他格外用功起来。在那个学年的期末考试中，他拿了全五分回来。拿着成绩单，他兴高采烈地往家走，一进家门便献宝一般举到父亲面前，心想这一次总能得到父亲的表扬了吧。哪知道，钱学森接过成绩单看了看，再看看儿子，依旧是云淡风轻地笑了笑，然后淡定地说了一句："以前也不错的。"此时的钱永刚不敢相信地眨巴着眼睛，心里十分委屈，要知道自己为了拿到这全五分少读了多少课外书啊。

尽管钱永刚和钱永真没能成为像父亲一样的大师，但在各自所学领域都受人尊敬。长大后的钱永刚回忆，那时候有很多人问他父亲对他们兄妹是怎样教育的，每每这时候他都会回想起父亲淡淡的微笑，便告诉对方说："我父亲的秘诀就是'不教'。"父亲工作忙，有时候他们几个月都见不到他。即便回家了，父亲也总是把自己关在书房里。那些关于读书、关于做人的要义，他们都是通过观察学来的。有一年暑假，钱学森给钱永刚买来一本《十万个为什么》，钱永刚喜欢得不得了。钱学森提出要求，要他每天抽出半天时间来看书，每天看四十页，剩下的时间才能玩，如果有不懂的地方可以提出来。印象里那是父亲第一次对自己提出如此明确的要求，钱永刚别提有多重视了。他严格按照父亲说的去做，并把自己不懂的地方标注出来，等爸爸下次回家的时候好向他提问。可钱学森最多也就是问问儿子的学习进展或计划的落实情况。即使儿子提出了问题，他也只是简单点拨，讲一讲问题的关键所在，至于大部分的思路和最终答案还是要儿子自己去思考和解答。后来，钱永刚调侃父亲："大师讲问题，从一个办公室走到另一个办公室，问题就说清楚了。而教授讲问题，一个小时可能才开个头。"

父母亲认为，那些大道理学校的老师都会讲的，在家里就没有必要再说什么，他们只是用自己的实际行动影响着钱永刚兄妹，用自己的言行举止为孩子树立榜样。

钱家有个厨师，虽然文化水平不高，但菜做得极好。有一天，厨师与钱永刚闲聊。聊着聊着，厨师说："我问你个问题呗？"从始至终钱永刚并没有把这段闲聊太当回事，即使厨师突然发问他也没太在意，心想：一个文化水平不高的厨师又能问出什么高难度的问题不成。不想，厨师接下来的问题，却着实难住了他。“你知不知道你父母每次吃饭，为什么总是穿得整整齐齐的？”钱永刚从来没有想过这个问题，仔细回忆，父母确实是这样，即使天气闷热父亲也不会随便穿一件背心或拖鞋就来用餐。见钱永刚回答不上来，厨师一脸自豪且崇拜地说：“那是因为你父母对我们这些人很尊重，他们从来不会看轻我们这些为他们服务的工作人员……”厨师还在说着什么，钱永刚却被震撼了，这次闲聊让他突然意识到父母的品格和境界。是啊，每到逢年过节，他总能看见父母给那些工作人员送酒水、食物或是香烟，他从没想过原因，如今倒被这个自己并没有太在意的厨师说出了深意。从那之后，钱永刚在待人接物上也有所改变，无论是客人、父母的朋友或学生，还是为他们服务的工作人员，他都秉持着一种平等尊重的态度。

走过人生几十年，即使当年的父母因工作忙碌无暇教导钱永刚兄妹，即使如今他们都已离开人世，但父母给予他们的精神力量和人格力量永远鼓励着兄妹俩用严谨的态度对待自己的人生。

家教理念

钱学森自小便成长在良好的家庭中，家庭氛围和父母的言传身教让他成为举世瞩目的科技天才。而对于钱永刚兄妹来说，生活的环境发生了天翻地覆的变化。父亲常年在外奔波，根本无暇教导他们，可兄妹俩依然靠着自己的努力和奋斗，成为受人尊敬的工程师和教育者。对于他们来说，也许父母的言传少之又少，而潜移默化中的身教至关重要。

时代的发展和进步，使得越来越多的家长为了带给家人和子女更加美好的生活，辛勤奔走在各自的领域，加班、出差成了一些人的工作常态和生活状态，多少人成了“影子爸爸”或“影子妈妈”。现代技术给我们带来了诸多便利，即使不在家，通过通信技术和手段我们也能够随时与孩子聊天，即时与孩子视频。在家庭教育中，陪伴可谓是孩子健康成长的关键因素，但绝非是唯一的关键因素。能够陪伴孩子的日常生活固然重要，但如果我们没有办法做到，精神上的联结就更加重要。

人们说，孩子就是看着父母的背影成长起来的。这句的话深层含意究竟应该怎样理解？也许，它是说要让孩子能够看到父母的存在，父母要与孩子相伴；也许，它是说作为父母要时刻走在孩子的前面，引领孩子树立正确的价值观，传播给孩子正能量；也许，它是说言传不如身教，尤其是无法实现长久陪伴的家长，更要注重自己的躬身垂范。

你的人生你做主

名人简介

钱玄同是中国现代思想家、语言文学家、新文化运动的倡导者，也是一位立场坚定的爱国者。

其子钱三强是我国原子能科学事业的创始人，“两弹一星”元勋，中国原子弹之父。他不仅为原子弹的研制做出了贡献，也为中国原子能科学事业的发展

呕心沥血，为培养中国原子能科技队伍立下了不朽的功勋。

从钱玄同到钱三强，钱氏一族一脉相传，形成了自强好学、一心为民的好家风。

家教故事

钱秉穹是个富于想象力的孩子。出生后不久，他便随母亲去北平与父亲钱玄同团聚。他们就住在琉璃厂西侧附近的一座老式四合院里。母亲在院中种满了树木和花卉，一年四季都有绿树与香花掩映。小秉穹最爱的，便是盛夏夜晚倚在母亲膝头看星空、看月亮。他时不时会问出些天真可爱的问题，母亲总是耐心地解答。

父亲的书房简直是他的天堂，那里像迷宫一样，充满了惊喜。他喜欢在那些高高大大的桌椅、书柜间跑来跑去。父亲常在那里看书，有时候一看就是好半天，跑累了的秉穹便想方设法引起父亲的注意。他或是突然跑到父亲面前吓他，或是钻进父亲的怀里，每次“得逞”后钱玄同总能陪他玩上一阵。慢慢地，小秉穹不满足于父亲只陪他嬉戏，开始对父亲手中的书卷产生兴趣。每每父亲读书他便抢着要看。钱玄同便开始给儿子讲书里的小故事，有时也会买一些适合秉穹阅读的书，或是给他订阅一些连环画报。随着阅读书本的增多，钱秉穹对其中千奇百怪的故事越来越痴迷，他开始整日缠着父亲给他讲故事。起初，如果没有要紧的事钱玄同都会满足儿子的要求，可慢慢的还是会因此而影响到工作和休息。妻子见状，便开始给秉穹定规矩，每天只能晚饭后讲故事给他听，其余时间是不能影响大人工作和休息的。钱玄同逐渐意识到，讲故事的学问也大着呢。不断地摸索与总结后，在钱玄同的书房里，你总能看见父子俩相对而坐，一个在绘声绘色地讲，一个在全神贯注地听。每次讲故事，钱玄同都会拉过一只小凳子，让儿子坐在凳子上，不抱着儿子是因为钱玄同觉得只有面对面地听，观察不同情节时爸爸的表情变化，才能让儿子集中精力，也才能让他印象更为深刻。钱玄同从不按部就班地讲书中的内容，总是用通俗的语言将故事的每一个情节都渲染得精彩异常，因为与干巴巴地念句子相比，这样更能让孩子理解其中含意，引发孩子的思考。

八岁，钱秉穹被父亲送进了孔德学校，在那里他享受到了得天独厚的教育条件。他兴趣广泛，体育、音乐、美术……每门科目都让他

感兴趣。在孔德学校里，钱秉穹认识了自己的好朋友李志中和周丰一。一次，周丰一来秉穹家做客，看到秉穹房间挂了一幅《雄鹰图》，画的旁边有一行字："鹰者，有三强：一曰目光敏锐；二曰翅膀矫健；三曰爪喙锋利。"询问之后才知道，原来这是秉穹的舅公徐燕赠予他的，舅公希望他能拥有像雄鹰一样的"三强"，助他展翅高飞。周丰一打趣道："你身体壮硕如鹰，又排行老三，可不就是'三强'嘛！"于是"三强"这个外号很快便在同学间叫开了。后来，父亲钱玄同也听说了这外号，不明缘由便询问儿子，听了秉穹的解答钱玄同突发奇想：我一直在倡导新文化，反对复古，想要打破旧思想，那又为何要在孩子的名字上拘泥于形式？于是，钱玄同当即便说："我觉得三强这个名字很好，但不能光是身体强壮，'三强'还可以解释为立志争取德、智、体都进步。"这之后，钱秉穹便真的改了名，变成了"钱三强"。

1927年，钱三强中学即将毕业。他开始涉猎《三民主义》《建国方略》这样的书籍，并从中看到了"实业救国"对于民族振兴的意义。于是，在即将选择人生发展方向时，他在心里暗暗谋划。

那时候，钱玄同已是很有声望的语言学家，是新文化运动的倡导者，很多人建议他让儿子三强接自己的班。钱玄同却不以为然，他觉得孩子学什么、做什么要看他自己的态度和兴趣。他对三强说：“你将来学什么，我不包办代替你的主意，由你自己去选择。但是一个人应当有科学的头脑，对于一切事物，应当用自己的理智去分析，研求其真相，判定其是非，然后定改革的措施。”父亲的话仿佛是一支催化剂，让钱三强心中的想法变得更加坚定。不久，经过一番深思熟虑，钱三强决定与父亲摊牌。一开口，他便单刀直入：“父亲，我要学工！”钱玄同对儿子的选择虽感惊喜却并不意外，但是作为父亲，他还是理智地想听听儿子的想法是否成熟，以免他一时冲动。“你说想要学工，自是可以的，可是你可想好要报考哪所学校？”钱玄同看着目光炯炯的儿子，亲切地问。“上海交通大学。”钱三强眼神里充满了坚定和自信，这让钱玄同很是惊奇和欣慰。以他一贯对孩子教育的开明与支持，自是不会反对儿子的意愿。于是他又问道：“那么你的志愿是什么呢？”钱三强略低了一下头，随后昂首挺胸坚定地说：“我想成为一名工程师，一个能够为国家建设出力的工程师。”钱玄同此时的内心很是振奋，儿子的选择让他自豪。他压抑着内心的激动继续问：“你有这样的想法很不错，可是你有没有了解过，上海交通大学是用英文教学的，而你就读的孔德学校一直都是用法文教学。”父亲说的是事实，一下子要从法文教学转到英文教学的环境中，纵使他钱三强有超人的天资又谈何容易。结束了与父亲的谈话，钱三强陷入了沉思。直至夜里他躺在床上仍旧辗转反侧，他一直在思考，如何能在短时间解决这一难题。第二天一大早，钱三强又来到书房，钱玄同一看便知儿子定是想出了好的解决办法。还没等父亲开口，就听钱三强说：“父亲，我想到办法了。我先进北大理学院的预科班，学习英文，等到英文提高了，再考上海交通大学。”“可是北大预科班也是要通过了英文考试才能就读的，这个问题你考虑过吗？”“我想过了。我想请父亲您出面，与北大交涉一下，准许我用法文参加考试。入学后，我再努力学习英文，如果跟不上，再留一级便是。”钱玄同看出了儿子的决心，也同意了他的要求。

1930 年，十七岁的钱三强以法文应考，被北京大学理学院录取为预科生。从入学的那一天起，每日他都躲在图书馆苦读英文。对于一个从未接触过英语的学生来说，除了要努力学习一门新的语言外，还要接受其他功课用英语教学的事实，压力和困难都是相当的大。钱玄同怕儿子不堪压力而打退堂鼓，便鼓励他说："目标既然确定了，就应当用艰苦的劳动去实现自己的理想。你是属牛的，克服困难要有一股牛劲！"

终于，在父亲的鼓励和支持下，在半年后的学期考试中钱三强以六十五分的英语成绩证明了自己的努力，非但如此，他的其他学科成绩也都很好。当钱玄同接过儿子的成绩单时，不由得心里暗自欢喜："这孩子还真是有那么一股牛劲！"

1932 年秋，钱三强从北大预科班毕业。他放弃了最初考取上海交通大学的想法，报考了清华大学的物理系，最终成为叶企孙、吴有训等教授的学生。后来，成绩优异的钱三强在大学毕业前又面临人生的重大抉择。摆在他面前的有两条路：一是到南京国防部军工署工作，二是跟随著名物理学家、北平物理研究所所长严济慈去北平研究院物理研究所。此时的钱三强需要父母的建议。钱玄同问："你的志向是什么呢？""我本是想要去北平物理研究所的，但是好多同学都说我应该去南京军工署，他们说那里的待遇更好。"听儿子的一番话，钱玄同说："那么你自己更看重什么呢？是志向还是优渥的薪资？"钱三强毫不犹豫地答道："那当然是志向了！"钱玄同赞许地点了点头："那很好，这样还有什么可犹豫的呢？我们支持你遵从自己的想法，何必被别人的想法所干涉和左右呢。"

钱三强将自己的想法清楚地告诉了导师吴有训，吴有训很是欣赏这个得意门生，于是亲自提笔给好友严济慈写了一封推荐信。进入工作岗位的钱三强很快便适应了，他的天分和认真受到严济慈的欣赏，他有意送钱三强出国深造，到居里实验室学习、工作。要知道能够有机会迈进原子核物理学领域是多么让人振奋的事情，经过一番考试与考验，钱三强顺利被录取。然而就在钱三强准备出国前夕，钱玄同不幸染上重病。为了打消儿子的顾虑，钱玄同对他说："你学的科学，将来对国家有用，你还是出国好好学习吧！"于是，带着对父亲的担忧，钱三强洒泪启程，前往巴黎大学镭学研究所居里实验室从事原子核物理的研究工作，而他的指导老师就是镭的发现者居里夫人的女儿和女婿。钱三强没有辜负父亲的期望、师长的教导，学成归国，成为著名的原子能专家。

1945 年，三十二岁的钱三强鼓起勇气写信向远在德国的大学同学——他学生时代心目中的"女神"何泽慧求婚。等待回信的日子让人坐立不安，他既害怕自己的唐突被拒绝，又害怕何泽慧因为战乱没有收到信。让人惊喜的是，不久之后钱三强收到了回信，并且得到了让他感到幸福而满意的回答。1946 年，二战结束后的第一个春天，何泽慧来到巴黎与钱三强完婚。他们后来一起进入巴黎大学居里实验室，被人们称为"中国的居里夫妇"。

钱三强极重视家庭，对孩子要求极严。钱三强认为，对孩子生活上要低要求，学习上要高标准。他的儿子钱思进插队时生活很是艰苦，常常写信向父母诉苦。钱三强却在回信中教导儿子要学会独立生活，学会走自己的路。

在父母的影响下，钱思进学习十分刻苦认真，1972 年被推荐到清华大学化工系学习。入学后，钱思进意识到自己的志向并不是化工，便在父亲的勉励下抓紧一切课余时间自学物理，终于在 1978 年通过了中国科学院理论物理研究所研究生的考试。如今钱思进任教于北京大学物理学院，成为一名物理学研究者。除了钱思进，钱三强的两个女儿钱祖玄与钱民协也都获得了物理或化学领域的博士学位，成为桃李满天下的导师。钱玄同一家三代，可谓个个英才。

家教理念

无论是钱玄同还是钱三强，在家庭教育方面都十分严格。他们爱孩子却并不娇纵，教会孩子学会思考并实现自己的人生价值，教会孩子学会自己走路、独立生活；从生活中的小事开始，帮助孩子树立规则意识，养成良好的生活习惯。

在人生志向的选择上，他们懂得尊重孩子的意愿，不干涉，不包办。一旦孩子明确了目标，作为父母的他们都选择站在孩子身后，只做孩子成长道路上的助力者而非掌舵者。

我们的孩子也一样，一生中要面对很多次的抉择。作为父母，我们该做的是如钱玄同一般，为孩子摆清事实与困难，在孩子承受困难与压力时给予鼓励，而非代替他们做决定、做选择。每个孩子都是独立的个体，我们该做的是教给他们跨越障碍的能力而不是剥夺他们独立思考的能力。

母亲是天生的“教育家”

名人简介

莫言是首获诺贝尔文学奖的中国籍作家，其作品通过幻觉现实主义将民间故事、历史与当代社会融合在一起，一系列乡土作品充满“怀乡”“怨乡”的复杂情感。他也被称为“寻根文学”作家。

莫言从小家境贫寒，即便生活不易，莫言母亲用自己善良的本性和质朴的言行教育影响着莫言，使之受用终身。

家教故事

莫言出生在一个有故事的地方——山东高密。他出生的时候，家境十分贫寒、潦倒。因此，虽是家中最小的儿子，他的出生也并没有给这个家庭带来多少欢乐。

那里曾经有一个人，“舌头生花写鬼写妖高人一等，刺贪刺虐亦入骨三分”，人们称他为“聊斋先生”。许是老祖宗传下来的本事，那里的人们讲故事的本领好像是与生俱来的。即便是饥荒中一边饿着肚子，一边寻找可以充饥的草木鱼虫的时候，老人们也会讲故事给年轻人听。

小时候的莫言便常常听爷爷、老爹、老婶子以及村里的其他人讲各式各样千奇百怪的故事。真真假假，虚虚实实，他觉得有趣得很。后来，许是故事听得多了，他也成了一个会讲故事的人，并且是从那里走出来的，最会讲故事的人。

莫言讲故事的本事是如何炼成的？还要从他小时候讲起。年少懵懂，莫言便跟在爷爷身边，故事自是听了不少。稍大些上学后，他喜欢看书。三年级起便开始读《林海雪原》《青春之歌》《钢铁是怎样炼成的》。后来辍学了，放牛的时候他也要看书。为了跟别人换书来看，莫言还去帮人家推磨，有时候整整推上一天磨才能换来一本书。他看的第一本书《封神演义》就是这样换来的。实在没有书可读，一本《新华字典》他正着背、倒着背，背到随便问起一个字，他都知道在第几页的第几行。

再后来，莫言常常陪着母亲去集市上卖菜。母亲尽管不识字，却对识字念书的人很是敬佩。因此，无论生活怎样艰难，看到莫言爱读书，她都会尽量满足他对文具和书的需求。有段时间，集市上来了个

说书人，莫言知道后便总是偷偷跑去听。从前因为读书耽误了生计农活，母亲是从不会说什么的，可这次因是去听书，母亲便不依了，她不喜欢她的孩子游手好闲、不务正业。因为在她心里，那些说书的都是口若悬河、嚼舌根的人。母亲一辈子勤勤恳恳、本本分分，莫言想要对她解释清楚是要花些时间的。

这天夜里，油灯下的母子俩一个看书，一个为家人赶制过冬的棉衣。莫言抬头看看母亲，岁月的痕迹在她脸上留下太多风霜。除了操劳，她的生活仿佛再没有别的事干。莫言忍不住，想要把白天听来的故事讲给母亲听。他只是希望，为母亲解解闷，让她有片刻休息。可母亲起初并不耐烦听他的"胡诌八扯"，莫言却不放弃，缠着母亲眉飞色舞地一直说。有意无意间，母亲多少也听进去些，觉得还算有趣。打那之后，莫言每每从集市上听到新的故事便回来讲给母亲听，先是完完整整地复述说书先生的话，后来为了吸引母亲的注意力便开始添油加醋，一边绘声绘色地表述，一边手舞足蹈地比画。说到精彩的地方，母亲就会咯咯地笑。母亲知道，莫言是个能成大事的孩子，他有超强的记忆力和表达能力，只是自家的家境没办法让他继续读书。于是，她默许了莫言去听书。

莫言记忆里母亲最初的模样，是坐在一棵梨树下。花开胜雪，落英缤纷。这本该是岁月静好的画面，母亲却用一根洗衣服用的棒槌在石头上捶野菜，地上、身上汁液溅得到处都是。那时的莫言一听到棒槌捶打野菜发出的闷响，便觉得空气里到处都是潮湿而苦涩的味道，心也就随着那声响一下一下收紧。

除了记忆中这样的画面、味道和声音，更让他无法忘却的是当时母亲的状态。生活逼得她整日里愁容满面，那野菜的汁液不停地飞溅到脸上，也让她不自觉地皱起眉头努起嘴，可她喉咙里却哼着小曲。对此，直到现在莫言也不能理解。那时的她，要一边捶打野菜一边掩面哭泣，才更符合常理吧。莫言总想着要问一问母亲，是什么力量支撑她在战争、饥饿、疾病中仍旧能够哼唱小曲？有一段时间，村子里好多女人都自杀了。那时家里应该是最艰难的时候吧，父亲被人诬陷，母亲旧病复发，家里存粮又少。那时候莫言总是莫名地感到恐惧，生怕哪一天，回到家发现母亲也寻了短见。于是，每天下工归来，他一进门第一件事就是在门口大声地呼唤母亲，企盼她的回应。母亲若没回答，他便一直喊，直喊到母亲应了声，他堵在胸口的一口气才能缓缓呼出来。有一天，下工回来已是傍晚，他焦急地赶回家，进门便急切地呼喊母亲。可喊了好久母亲也没有回答，莫言急了。牛棚、磨房甚至茅房都跑了一个遍也没有找到母亲，他慌了，不由自主便坐在院子里哭起来，哭得可厉害了。这时候，母亲从外边走进来，远远便听见哭声，进了院子看见她的小儿子哭得不成样子，她很生气。在她看来，男人是不应该随便哭的，此时这混小子不但没缘由地哭鼻子，还哭成这副德行，于是她不停地追问原因。见母亲平安归来，莫言也是有些赧然，觉得自己好没出息。母亲不住地问，他只是含糊其辞，不敢说出自己心里的担忧。母亲是最了解自己孩子的，她猜出了莫言的心思，便说："孩子，放心吧，阎王爷不叫，我是不会去的！"母亲的声调不高，却让莫言有了莫大的安全感。多少年后，回忆起母亲的这句话，莫言仍旧心怀感激，这是母亲对无助彷徨儿子的一个庄严的承诺，也是激励他日后面对生活种种苦难挣扎的动力和勇气。

那些岁月里，对人不离不弃的只有饥肠辘辘。很多人因为饥饿丧失了人格和尊严，莫言亲眼见着的就不少。粮食保管员用一块豆饼就可以引得孩子们学狗叫，看谁顺眼了，叫得他舒坦了，他便把豆饼赏给谁。当他将豆饼远远地抛出去，孩子们会一边学着狗叫，一边蜂拥着去抢那豆饼。莫言也曾是那些孩子中的一个，可这件事被父亲看见了，回到家后便是一顿严厉的痛骂，连爷爷也参与了这场骂。莫言记得清楚，爷爷对他说："嘴巴就是一个过道，无论是山珍海味，还是草根树皮，吃到肚子里都是一样的，何必为了一块豆饼而学狗叫呢？人应该有骨气！"尽管批评和痛骂在当时并没有说服他，因为树皮草根怎么能跟山珍海味相比呢，但他们话中关于尊严和风度的部分还是让莫言动容的。是啊，人不能像狗一样活着。

有一次莫言跟母亲在集市上卖白菜，期间一个老人来买菜。见他年长，莫言有意无意地多算了老人一毛钱。事后，母亲因这事哭得泪流满面，她没有骂他，只是语重心长地说："儿子，你让娘丢了脸。"这件事，成了莫言人生中最后悔也最不想记起的事情。在那样的年代，过着那样卑微的日子，连字都不识几个的母亲仍然要他坚守一份真诚，这让莫言感到万分羞愧。

有一年春节，政府配给村民们每人半斤豆饼。人们欢欢喜喜地去领，有的人小心翼翼用衣襟兜着走，一边往家走一边往嘴里塞。莫言邻居家的孙大爷人还没到家，全家人的豆饼便被他吃光了。回到家中他躺在地上，一声不吭任凭老婆孩子撕打辱骂。当天夜里他就死了，因为豆饼吃多了口渴，喝了足足一桶水，然后活活胀死了。他的妻小在一旁，没有为他流下一滴泪。那次年关，村里有十七个人被胀死了。因为饥饿，人们脑子里那原本固守的情感早就消失了，更别提怜悯和同情。

可母亲再一次让莫言意外。那一年中秋，家里好不容易能吃上一顿饺子。每个人只有一小碗，其实连半饱都不够，但总归还是令人高兴的。小碗捧在手里，一家人刚吃上，一个衣不蔽体的乞丐在莫言家门口站定并不时地乞讨食物。见他是个老人，莫言端起半碗红薯干，想要打发他走。却不想，那老人得寸进尺不识趣，竟理直气壮地说："我一个老人家，你们吃饺子，却让我吃这红薯干，你们的心都是怎么长的？"莫言一听这话，顿时怒气翻涌，觉得这老人太不知好歹，便没好气地说："我们一年也吃不上一回饺子，一人就这么一小碗，连半饱都不够呢，给你红薯干就不错了，你要就要，不要就滚！"那老人不依不饶，站在门口不肯走。母亲从里面走出来，看了莫言一眼，训斥他对老人的无理，然后将自己剩下的半碗饺子倒进了老人的碗里。

饥饿的岁月最能考验和洞察人性的复杂与单纯，也最能看透人的本质。童年中最让莫言痛苦的记忆并非忍受饥饿，而是那一天随母亲去地里捡麦穗。因为吃不饱，捡麦穗是为了给家人充饥。不想中途守田的人来了，其他人都逃了，只有母亲因为裹了小脚跑不快。那守田的汉子身材高大，当场捉住母亲，面目狰狞地说了些什么便抡起巴掌扇到母亲脸上。母亲那般瘦小单薄，自是被打得跌倒在地上，那大汉夺了母亲手里的麦穗，吹着口哨走了。而母亲此时眼角是泪水，嘴角是血水，脸色苍白地坐在地上，眼睛里那无法掩藏的绝望神情狠狠地揪着莫言的心。许多年后，莫言与母亲走在集市上，一眼便认出了当年那守田人。此时的莫言已经成年，身子骨正是健硕的时候，而当年蛮横嚣张的守田人却已白发苍苍。莫言的心再次被揪住，他气愤得想要冲过去也抡一巴掌到那个人脸上，为母亲讨回公道，却在刚抬脚时被母亲一把拉了回来。母亲平静地对莫言说："儿子，那个打我的人，与这个老人，并不是一个人。"

当别人嘲笑莫言的相貌时，母亲对他说："儿子，你不丑，你不缺鼻子不缺眼，四肢健全，丑在哪里？而且只要你心存善良，多做好事，即便是丑也能变美。"她给他力量，让他在面对指指点点和嘲弄时，仍能大度平和地面对一切。这是母亲，以及像母亲这样的普通人，为莫言树立的榜样。他们身上的宝贵品质，是他们处在苦难中仍不堕落的原因。

你不会想到，那时候整日里忍饥挨饿，一年四季要靠昆虫菜籽青苔树皮来充饥的黑小子，日后会得了诺贝尔文学奖；你不会想到，那个整日里口若悬河背着书包流着鼻涕其貌不扬的人，竟会成了第一个获得诺贝尔文学奖的中国籍作家；你更不会想到的是，这个获了大奖的作家，连小学都没有读完。可就是这样一个人，他的作品里描述了世间百态、人情冷暖，那些故事源于他的过往人生，源自他那些并不美好的成长经历，更源于他的母亲和如母亲一般的普通人为他展现出的高贵与尊严。

家教理念

母亲教会莫言亲情大爱、诚实本分，教会他理解宽容、怜悯同情，教会他知耻知辱、坚强不屈，教会他如何生活学习、为人处世，鼓励并支持他追逐梦想、志存高远。

莫言说过，每个人的母亲才是天生的、永远的“教育家”。孩子从一出生起，最先接触的就是母亲。因此，母亲对孩子的教育是不容忽视的。孩子往往通过母亲的言行学会待人接物的方式。

莫言的母亲是个目不识丁的女人，对儿子她并不懂得说教和辅导，她能做的只是用自己的实际行动和朴实的话语潜移默化地影响儿子。母亲告诉莫言，即使要忍受苦难，也应该不屈不挠地活着，即使身处困境，也应拥有怜悯和同情的心，要一如既往，真诚地对待他人，不被暗无天日的命运牵着鼻子走。这些对于莫言来说，都是日后面对重大事件时做出判断的价值标准。

第二部分　名人家训选编

刘向家训

名人简介

刘向（约前77～前6），原名更生，字子政，西汉楚国彭城（今江苏徐州）人，汉朝宗室，先祖为丰县刘邦异母弟刘交。刘向是西汉经学家、目录学家、文学家，其散文主要是秦疏和校雠古书的“叙录”，著作有《新序》《说苑》《列女传》《别录》及辞赋等数十篇，其中《别录》为我国目录学的奠基之作，刘向也因此被公认为中国目录学之祖。

刘氏家族世代学儒，家学深厚。刘向的儿子刘歆年少时便做了黄门侍郎。这使处世未深的他开始心高气傲，举止轻浮。这一切被刘向看在眼里，他觉得要想办法让儿子看清自己，学会做人做官。于是，他写了一部《戒子歆书》，希望儿子读后有所启发和改变。果然，在看到父亲的书信后，刘歆收敛傲气，严谨做人、做事、做学问，成为一名通经学和善属文的经学家、目录学家、文学家，成为西汉古文经学的真正开创者。后来，他根据父亲的《别录》，修订了我国历史上第一部反映当时国家藏书的分类目录《七略》。

家训选编

告歆无忽：若未有异德，蒙恩甚厚，将何以报？董生有云：“吊者在门，贺者在闾。”言有忧则恐惧敬事，敬事则必有善功，而福至也。又曰：“贺者在门，吊者在闾。”言受福则骄奢，骄奢则祸至，故吊随而来。齐顷公之始，藉霸者之余威，轻侮诸侯，亏跂蹇之容，故被鞍之祸，遁服而亡，所谓“贺者在门，吊者在闾”也。兵败师破，人皆吊之，恐惧自新，百姓爱之，诸侯皆归其所夺邑，所谓“吊者在门，贺者在闾”也。今若年少，得黄门侍郎，要显处也。新拜皆谢，贵人叩头，谨战战栗栗，乃可必免。

——摘自《戒子歆书》

【译文】

我告诉你歆儿，万事勿疏忽大意：你没有特殊的美德才能，却得到皇帝很大的恩惠。那么，你将要拿什么来报答呢？汉代著名学者董仲舒说过：“吊丧的人上了家门，那么，贺喜的人就要到了。”这就是说，有了忧患意识，就会心怀恐惧，恭谨从事；而恭谨从事，就必然会有好的功德，而幸福也就会跟着到来的。他又说：“贺喜的人来了，那么，吊丧的人就要到了。”这就是说，享福会使人骄傲、奢侈，而骄傲、奢侈就会招致祸患。所以，吊丧的人也就会随之而至的。春秋时期，齐顷公起初借霸主的余威，轻视侮辱诸侯国跛足（瘸腿）的使者郤克，所以，就遭受了鞍地之战的祸事。结果，只好乔装打扮狼狈逃窜。这就是人们所说的“贺喜的人来到家里，吊丧的人就要到了”啊。齐顷公兵败师破，人们都为他悲伤，他忧伤恐惧，从而改过自新。这样，百姓爱戴他，诸侯们也都归还了掠夺的齐国的城镇。这就是人们所说的“吊丧的人上了家门，贺喜的人就要到了”啊。如今，你少年得志，做了黄门侍郎。这可是个显要的职位啊。那些刚刚就职的官员都要向你道贺，那些贵人要来向你叩头礼拜。你要小心谨慎，战战栗栗、兢兢业业地奉职办事，才可以免除祸患。

颜之推家训

名人简介

颜之推（531 ~约 591），字介，原籍琅邪临沂（今山东省临沂）人，出生于建康郡（今江苏省南京市）。他一生历仕四朝，曾三度为亡国之人，饱尝离乱之苦。十九岁时，因其博览群书、文辞并茂受湘东王萧绎赏识，任右常侍。554 年，因西魏进攻而被俘，后逃至北齐，于北齐为官。北齐为北周所灭后，颜之推被征召为御史上士。之后，颜之推于隋文帝开皇年间被召为学士，但不久便因疾而终。

颜之推是思想家、文学家、教育家，是如百科全书般的学者。颜氏家族世代为官，颜之推是“复圣颜子”颜回的后裔。颜氏一族治家严明，德行操守和治学才能皆卓尔不群。颜之推之孙颜师古博古通今，是唐初的经学家、训诂学家、历史学家；颜之推五世孙颜杲卿性情刚直，于安史之乱忠节不屈；五世孙颜真卿不畏权臣，擅于书法，是楷书四大家之一。

颜之推的传世著作包括《颜氏家训》《还冤志》《集灵记》等，其中最为著名的是《颜氏家训》。颜之推“生于乱世，长于戎马，流离播越，闻见已多”，于是本着“务先王之道，绍家世之业"的宗旨，根据自己一生立身、治家、处世、为学之经验写成了我国历史上第一部系统完整、内容丰富的家训，希望颜氏的后世子孙能因此而有所收获，后世称此书为"古今家训，以此为祖""家教规范"。

《颜氏家训》共七卷、二十篇，涵盖了从饮食起居、修身养性到为人处事、求仕致学等方方面面的内容。从词源学的角度来说，"家训"一词由颜之推首次提出。从体系化来说，《颜氏家训》结束了自古家训文化、思想以及内容的碎片化形式而有了完整体系，能够得以世代传承。此外，很多家教史中的思想精华皆首次出现于《颜氏家训》，如："父母是孩子的第一任老师"的说法、早教概念、胎教概念等，所以说《颜氏家训》是一部里程碑式的作品。

家训选编

父母威严而有慈，则子女畏慎而生孝矣。吾见世间，无教而有爱，每不能然；饮食运为，恣其所欲，宜诫翻奖，应诃反笑，至有识知，谓法当尔。骄慢已习，方复制之，捶挞至死而无威，忿怒日隆而增怨，逮于成长，终为败德。孔子云："少成若天性，习惯成自然"是也。

——摘自《颜氏家训·教子第二》

【译文】

父母威严而又慈爱，子女就会有敬畏之心，言行谨慎，从而产生孝心。我见世上有些父母往往做不到这一点，对子女不加教育，只是一味溺爱。他们对子女的饮食言行总是放纵，任其所为，该告诫的却夸奖，该斥责的却欣喜，等孩子长大明白事理以后，就会认为自己的行为是对的。等到孩子骄横傲慢成为习惯时，才想到去管束制约他们，就算用棍把他们打死，也很难再树立父母的威信了。父母的愤怒导致子女的怨恨之情与日俱增，等到孩子长大成人，终究会成为道德败坏之人。孔子所谓"少成若天性，习惯成自然"，讲的正是这个道理。

父子之严，不可以狎；骨肉之爱，不可以简。简则慈孝不接，狎则怠慢生焉。

——摘自《颜氏家训·教子第二》

【译文】

父子之间要严肃，而不可以轻忽；骨肉之间要有爱，但不可以简略。简略了就会缺乏慈孝，轻忽了就会产生怠慢。

人之爱子，罕亦能均，自古及今，此弊多矣。贤俊者自可赏爱，顽鲁者亦当矜怜。有偏宠者，虽欲以厚之，更所以祸之。

——摘自《颜氏家训·教子第二》

【译文】

人们都喜爱自己的孩子，却少有能够一视同仁的；从古至今，这造成的弊病太多了。那聪慧俊秀的孩子当然值得赏识喜爱，那愚蠢迟钝的孩子也应该喜爱怜惜才是。那些偏宠孩子的人，虽然本意是想以自己的爱厚待他，反而会以此害了他。

孔子曰："奢则不孙，俭则固；与其不孙也，宁固。"又云："如有周公之才之美，使骄且吝，其余不足观也已。"然则可俭而不可吝已。俭者，省约为礼之谓也；吝者，穷急不恤之谓也。今有施则奢，俭则吝；如能施而不奢，俭而不吝，可矣。

——摘自《颜氏家训·治家第五》

【译文】

孔子说："奢侈了就不会恭顺，节俭了就会鄙陋。与其不恭顺，宁可鄙陋。"又说："如果有人具有周公那样的才、那样的美，但只要他既骄傲又吝啬，那么余下的也就不值一提了。"这样说来，那就是可以节俭而不可以吝啬了。节俭，是指合乎礼数的节省。吝啬，是指对处于穷困急难之中的人也不加救助。现在舍得施舍的人奢侈无度，节俭的人又吝啬小气；假如能做到既施舍于他人而自己又不奢侈，勤俭节约又不吝啬，那就好了。

妇人之性，率宠子婿而虐儿妇。宠婿，则兄弟之怨生焉；虐妇，则姊妹之谗行焉。然则女之行留，皆得罪于其家者，母实为之。至有谚云："落索阿姑餐。"此其相报也。家之常弊，可不诫哉！

——摘自《颜氏家训·治家第五》

【译文】

妇人的秉性，大都宠爱女婿而虐待儿媳。宠爱女婿，则儿子的不满就由此产生；虐待儿媳，则女儿的谗言就随之而至。那么女儿不论是出嫁还是待嫁在家，都要得罪家人，这实在是当母亲的造成的。以至有谚语说："婆婆吃饭好冷清。"这是对她的报应啊。这种家庭中经常出现的弊端，不能不警戒啊！

人在年少，神情未定，所与款狎，熏渍陶染，言笑举动，无心于学，潜移暗化，自然似之。何况操履艺能，较明易习者也？是以与善人居，如入芝兰之室，久而自芳也；与恶人居，如入鲍鱼之肆，久而自臭也。……君子必慎交游焉。

——《颜氏家训·慕贤第七》

【译文】

人在年轻时候，精神性情都还没有定型，和那些情投意合的朋友朝夕相处，受到他们的熏渍陶染，人家的一言一笑、一举一动，虽然没有存心去学，但是潜移默化之中，自然跟他们相似。何况操守德行和本领技能，都是比较容易学到的东西呢？因此，与善人相处，就像进入满是芝草兰花的屋子中一样，时间一长自己也变得芬芳起来；与恶人相处，就像进入满是鲍鱼的店铺一样，时间一长自己也变得腥臭起来……君子与人交往一定要慎重。

夫明《六经》之指，涉百家之书，纵不能增益德行，敦厉风俗，犹为一艺，得以自资。……谚曰："积财千万，不如薄伎在身。"伎之易习而可贵者，无过读书也。世人不问愚智，皆欲识人之多，见事之广，而不肯读书，是犹求饱而懒营馔，欲暖而惰裁衣也。

——摘自《颜氏家训·勉学第八》

【译文】

通晓六经要旨，涉猎百家著述，即使不能增加个人的道德操行，劝勉世风习俗，也不失为一种才艺，能够用来自谋生计。俗话说："积有千万资财，也不如身怀小技。"各种技艺中容易学会而又值得推崇的本事，没有超过读书的。世人不管是愚蠢还是聪明，都希望广交朋友、见多识广，但又不肯读书，这就好比想要吃饱却懒得做饭，想要身体暖和却又懒得裁衣一样。

人生小幼，精神专利，长成已后，思虑散逸，固须早教，勿失机也。

——摘自《颜氏家训·勉学第八》

【译文】

人在幼小的时候，精神专注敏锐，长大成人以后，思想容易分散，因此，对孩子要及早教育，不可坐失良机。

名之与实，犹形之与影也。德艺周厚，则名必善焉；容色姝丽，则影必美焉。今不修身而求个名于世者，犹貌甚恶而责妍影于镜也。

——摘自《颜氏家训·名实第十》

【译文】

名与实的关系，就好比形体和影子的关系一样。道德高尚、才艺深厚的人，其名声一定是好的；姿容秀美的人，其影像也一定是美的。如今有一些不修身养性，却希望在世上得到好名声的人，就像容貌丑陋却想要在镜子中映出美丽影像一样。

人之虚实真伪在乎心，无不见乎迹，但察之未熟耳。一为察之所鉴，巧伪不如拙诚，承之以羞大矣。

——摘自《颜氏家训·名实第十》

【译文】

每个人心里的虚实真伪，都会在他的言行里表现出来，只是别人观察得不仔细罢了。一旦被别人看出了真相，再巧妙的伪装也比不上拙劣的真诚，蒙受的羞辱太大了。

君子当守道崇德，蓄价待时，爵禄不登，信由天命。须求趋竞，不顾羞惭，比较材能，斟量攻伐，厉色扬声，东怨西怒；或有喧聒时人视听，求见发遣；以此得官，谓为才力，何异盗食致饱，窃衣取温哉！

——摘自《颜氏家训·省事第十二》

【译文】

君子应当坚守正道、增强修养，同时还要蓄养身价、名望以等待时机，就算得不到高官厚禄，也要处之泰然。要是不顾羞耻、四处求官，和别人比较才能，论说功绩，吆三喝四，怨天尤人；或哗众取宠、扰乱视听，来获取官位，就算通过这些手段最终得到了官职，自认为有能力，但是，这跟偷食物来填饱肚皮、窃衣服来保暖有什么区别呢？

王子晋云：“佐饔得尝，佐斗得伤。”此言为善则预，为恶则去，不欲党人非义之事也。凡损于物，皆无与焉。……亲友之迫危难也，家财己力，当无所吝；若横生图计，无理请谒，非吾教也。

——摘自《颜氏家训·省事第十二》

【译文】

王子晋说：“协助别人做菜可以吃到佳肴，帮人打架会受到伤害。”这话是说别人做好事都要参与，别人做坏事都要避开，不要和人结伙做不正当的事。凡是损害别人利益的事都不参与。亲友处在窘迫危难的时候，自己的财力和才力应当不吝惜；要是有人图谋不轨，提出一些无理的请托，那不是我教你们怜悯的人。

叶梦得家训

名人简介

叶梦得（1077 ~ 1148），字少蕴，苏州吴县人，因曾于湖州卞山玲珑山石林隐居，故晚年自号“石林居士”。他是五代十国时期吴越国官员叶逵之后，宋代名臣叶清臣的侄曾孙。叶逵一家十分重视文化教育，培育了几代文化名人。叶梦得于神宗熙宁十年出生，绍圣四年得中进士，由此步入仕途，历仕哲宗、徽宗、钦宗、高宗四朝，与国家一同经历奸臣专权、元祐党祸、靖康之难、政权南渡、绍兴党禁等屈辱，饱尝腥风血雨下的文化专制和身不由己。叶梦得生于“插架环千轴，传家有旧书”的书香世家，虽入仕而不废学，成为两宋之交学识渊博的文学家、词人，除在诗、文、词的创作方面卓有成效外，其文学理论修养及史学、哲学方面的造诣同样精深。他一生著作颇丰，代表作有《石林燕语》《石林词》《石林诗话》等。他不仅仅是一个词人，还是一个博学的经学家。

家训用以约束和规范家族成员的行为，其内容设计涉及启蒙明理、安身立命、求学成人、忠孝仁爱等方面。至宋代，家训中除对子弟进行道德教化外还增加了“治生”的内容，叶梦得家训便是其中的

代表。其所著《石林家训》《石林治生家训要略》堪称宋代家训的典范。《石林家训》教导子弟要“爱人以学”“省事慎言”“事亲勿欺”“兄弟和睦”“成人之美而不暴人之短”。《石林治生家训要略》首开中国古代治生家训的先河，指出了治生的意义和方法，教导子弟应认识到“治生”是人类得以生存的根本条件，要选择适合自己的治生之道，择善而从，并不可为自己的利益而妨碍他人。

家训选编

《易》曰：“乱之所由生也，言语以为阶。君不密则失臣，臣不密则失身。”庄子曰：“两喜多溢美之言，两怒多溢恶之言。”大抵人言多不能尽实，非喜即怒。喜而溢美，犹不失谨厚；怒而兴恶，则为人之害多矣。孟子曰：“言人之不善，当如后患何？”夫己轻以恶加人，则人亦必轻以恶加我，以是自相加也。吾见人言，类不过有四：习于诞妄者，每信口纵谈，不问其人之利害，惟意所欲言。乐于多知者，并缘形似，因以增饰，虽过其实，自不能觉。溺于受恶者，所爱虽恶，强为之掩覆；所恶虽善，巧为之破毁；轧于利害者，造端设谋，倾之惟恐之力，中之惟恐不深。而人之听言，其类不过二途：纯质者不辨是非，一皆信之；疏快者不计利害，一皆传之。此言所以不可不慎也。今汝曹前四弊，吾知其或可免，若后二失，吾不能无忧。盖汝曹涉世未深，未尝经患难，于人情变诈，未能尽察，则安知不有因循陷溺者乎！故将欲慎言，必须省事。择交每务简静，无求于事，令则自然不入是非毁誉之境。所与游者，皆善人端士，彼亦自爱以防患，则是非毁誉之言亦不到汝耳。汝不得已而有闻纯质者，每致其思而无轻信；疏快者，每谨其诫而无轻传，则庶乎其免矣。

——选自《石林家训》

【译文】

《易经》说：“祸乱往往只是由言语引发的。国君说话不谨慎严密，就会失信于臣民；臣子说话不慎重严密，灾祸就会殃及自身。”《庄子》说：“如果两人交往愉悦的话就会多说赞美之词，如果两人交恶的话就会多说憎恶之语。”大约人们的话多数都不够完全真实，不是高兴之言就是发怒之语。喜悦的时候就会说一些溢美之词，这样会有失真实；生气的时候就会说一些厌恶之语，这会对人产生危害。《孟子》说：“说人家的坏话，会想到有什么后患吗?”自己轻易把恶语加之于人，别人也必定会以恶语加之于我，这就等于自己把恶语加给自己。我观察一般人说话，其类型不过四种：一是惯于说虚妄之话的人，经常信口开河，不顾别人的利益和损害，自己想怎么说就怎么说。二是喜欢表现自己见多识广的人，听到一些似是而非的话，就添油加醋，虽然已与实际情况相差甚远，但自己却丝毫不能察觉。三是沉溺于爱悦憎恶的人，对于他所交好的人，虽然缺点很多，他却硬为那人掩饰；对他所讨厌的人，即便有许多优点，他也想方设法去诽谤人家。四是为利害关系而相互排挤的人，制造事端，巧施阴谋，排挤人家唯恐力量不够，中伤人家唯恐不深。人们听话，也不过两种类型：纯朴的人不辨是非，全都相信；马虎嘴快的人不计较利害，一切话都加以传播。这就是我们说话不能不慎重的原因。现今对于上述四种弊病，我知道你们或许可以避免，但后两种，我不能不忧虑。你们社会经验不够，没有经受过苦难，对于人情世态变幻欺诈不能观察清楚，怎么能够断定自己没有因为不知变通而陷于灾祸呢！所以说，要想说话谨慎，就必须省察事情；朋友之间简简单单，无事相求，那么，自然就不会进入是非毁誉的境地。所有来往的人，都是一些品行端正的人，他们也都能自爱，严防惹祸，那么，是非毁誉的言辞也不会传到你耳朵中。在不得已的情况下结交淳朴的人为友，要慎重思考，不要轻信别人的话；不要与马虎嘴快的人为友，言语应谨慎，不能轻薄，这样就可以免祸。

人之为人，生而已矣。人不治生，是苦其生也，是拂其生也，何以生为？自古圣贤，以禹治水，稷之播种，皋之明刑，无非以治民生也。民之生急欲治之，岂己之生而不欲治乎？若曰圣贤不治生，而惟以治民之生，是从井可以救人，而摩顶放踵，利天下亦为之矣，非圣贤之概也。

治生不同。出作入息，农之治生也；居肆成事，工之治生也；贸迁有无，商之治生也；膏油继晷，士之治生也。然士为四民之首，尤当砥砺表率，效古人，体天地，育万物之志，今一生不能治，何云大丈夫哉！

……

要勤。每日起早，凡生理所当为者，须及时为之，如机之发、鹰之波，顷刻不可迟也。若有因循，今日姑待明日，则费事损业，不觉不知，而家道日耗矣。且如芒种不种田，安能望有秋之多获？勤之不得不讲也。

要俭。夫俭者，守家第一法也。故凡日用奉养，一以节省为本，不可过多。宁使家有盈余，毋使仓有告匮。且奢侈之人，神气必耗，欲念炽而意气自满，贫穷至而廉耻不顾。俭之不可忽也若是夫。

要耐久。昔东坡曰："人能从容自守，十年之后，何事不成？"今后生汲于谋利者，方务于东，又驰于西。所为欲速则不达，见小利则大事不成。人之以此破家者多矣。故必先定吾规模，规模既定，由是朝夕念此，为此必欲得此，久之而势我集、利我归矣。故曰善始每难，善继有初，自宜有终。

要和气。人与我本同一体，但势不得不分耳。故圣人必使无一夫不获其所，此心始足，而况可与之较锱铢，争毫末，以至于斗讼哉？且人孰无良心，我若能以礼自处，让人一分，则人亦相让矣。故遇拂意处，便须大著心胸，亟思自返。决不可因小以失大，忘身以取祸矣也。

……

管家者，最宜公心，以仁让为先。且如他人尚不可欺，而况于一家至亲骨肉乎？故一年收放要算，分予要均。和气致祥，天必佑之。不然少有所私，神人公鉴，家道岂能长永而无虞乎？

予曾见《颜氏家训》，大约有一子则予田产若干，屋业若干，蓄积若干。有余，则每年支费。又有余，则以济亲友，此直知止知足者也。盖世业无穷，愈富而念愈不足，此于吾生何益？况人之分有限，踰分者颠。今吾膝下亦当量度处中，未足则勤俭以足之，既足则安分以守之。敦礼义之俗，崇廉耻之风，其于治生，庶乎近焉。

——选自《石林治生家训要略》

【译文】

人之所以为人，是生来就定了的。一个人如果不懂得谋生计，会使他的生活困苦，违背了生活的意义，靠什么谋求生计呢？古今圣贤，从大禹治水、后稷播种到皋陶作刑，无不是治理民众生计。人民的生计急切地想要管理，难道自己的生计就不想治理好吗？如果说圣人不为自己谋生计，而只想着治理百姓生计，这是危害自己而对百姓也没有好处的行为，不是圣贤该有的气度。

不同行业谋生计的方法是不同的。日出而作，日落而归，那是农民谋生的方式；在作坊里完成自己的工作，那是工匠谋生的方式；货物买卖，互通有无，那是商人谋生的方式；夜以继日地勤奋学习，是读书人谋生的方式。而读书人作为百姓之首，更应当磨砺自己成为表率，要有效仿古人、体察天下之事、总结万物孕育生长规律的志向，如果了此一生都不能有处理生计的能力，还怎么能够成为大丈夫呢！

……

要勤劳。每天早起，及时把家里的事务完成，像射弩扣动扳机、老鹰搏击猎物那样，分秒不可耽误。倘若延迟，今日事明日毕，就会误事，影响家业，甚至不知不觉中家境会因此而衰败破落。这正像春播时节没有及时播种，怎能指望秋天有收成呢？要治家，勤劳是不能不讲的。

要节俭。“俭”是守家的重要家法，所有日用生活所需都应以节省为根本，不应太多。要保证家里有盈余，不能让粮仓空空。那些奢侈的人追求物质享受，贪欲极大，以致我行我素、忘乎所以。一旦生活境遇发生变化，不能忍受贫困，就会做出不顾廉耻的坏事。所以，节俭是不可忽视的。

要耐久。苏东坡曾说：“一个人能专心致志，不为外界干扰，这样磨练十几年，就没有什么事情是做不成的。”如今，不少年轻人急功近利，刚要跑向东边，却又转身向西，过分追求小利，急于求成，却由于缺少明确而专一的目标，最终成不了大事。由此而导致家族破败的例子有很多。所以，一个人想要事业有成，首先要确定目标，有了明确的目标和具体的规划之后，应每天为之勤奋努力，不断加强必胜的信心，久而久之，就可以实现目标。因此，好的开始很难，一旦有了好的开始，再持之以恒，就会有好结果。

要和气。他人和我虽然一样，但也有区别。因此，圣贤之人会让人各得其所，而不是与人锱铢必较、与人争辩。并且，人人都有善良之心，如果我能够以礼待人、谦让别人，别人也会以礼相让。因此，如果遇到不如意的地方，应当心胸开阔，自我反思，决不能因小失大，自取其祸。

……

管家者，最应该有公正之心，凡事以仁义忍让为先。对待外人尚且不能任意欺侮，何况是自己的骨肉亲人呢？因此，每一年的收支要计算妥当，分发要公平均匀。一家人之间谦和是可以带来吉祥的，老天爷必定会有所庇佑。否则即使是偶尔的偏私，也会有世人和神灵的公允见证，家道怎会长久而无所顾虑呢？

我曾在《颜氏家训》中看到这样的内容，大概是说，一个家庭中如果有一个孩子，那么就给他若干田产、屋业和积蓄。如果还有富余，就每年分给他一些费用。如果还有富余，就用来接济亲友。这样的做法是懂得适当有度，懂得知足。只要有想法，没有办不成的事业，越是富裕，人的想法越难以满足，这些想法对我们的生活有什么好处呢？况且每个人所能分配到的是有限的，分得过多就会癫狂。现在我的家族子弟也应当学会权衡中立，资产不足就勤俭持家使它逐渐充足，已经充足了就安安分分守住家业。注重礼义习俗，推崇廉耻之风，对于谋生计，这样就几乎接近了。

袁采家训

名人简介

袁采，生年不详，卒于1195年，字君载，南宋信安（今浙江常山县）人，时人称赞他“德足而行成，学博而文富”。宋孝宗隆兴元年（1163）进士，后官至监登闻鼓院，负责受理民间人士的上诉、举告、请愿、自荐。淳熙五年（1178）任乐清县令。在乐清县任职期间，他为官刚正，并重建县学，纂修《乐清县志》十卷，这部县志是乐清最早的县志。袁采著有《政和杂志》《县令小录》和《袁氏世范》，其中以治家格言《袁氏世范》最受世人推崇。

《袁氏世范》从老百姓点滴的生活实际出发，教导人们如何做个好人，它所针对的对象是“田野村夫、幽闺妇女、后生青年”等平民百姓，其宗旨是“厚人伦而美习俗”。袁采好友权通判隆兴军府事刘镇为其作序，称“其言精确而详尽，其意则敦厚而委屈，习而行之，诚可以为孝悌，为忠恕，为善良而有士君子之行矣”。刘镇认为，这部家训可以“远诸四海”“垂诸后世”“兼善天下”，成为“世之范模”。

《袁氏世范》共三卷，即睦亲、处己、治家，被视为“淳风俗”“美教化”“达人情”的家训经典。睦亲一卷，主要讲家庭和睦之道；处己一卷，论述个人修养、为人处世之道；治家一卷，概括持家兴业的道理。《四库全书提要》曰：“其书于立身处世之道反复详尽，所以砥砺末俗者极为笃挚，明白切要览者易知易从，固不失为《颜氏家训》之亚也。”《袁氏世范》备受历代士大夫推崇，并成为私塾学校的训蒙课本。

家训选编

人之有子，多于婴孺之时爱忘其丑。

——摘自《袁氏世范·睦亲》

【译文】

人有了孩子，孩子处在婴孩之时大多由于过分溺爱而忽略了孩子的坏毛病。

大抵富贵之家教子弟读书，固欲其取科第及深究圣贤言行之精微。然命有穷达，性有昏明，不可责其必到，尤不可因其不到而使之废学。

——摘自《袁氏世范·睦亲》

【译文】

大概富贵之家教育子弟读书，本来想让他们在科举中取得功名，并且更深一层探究圣贤言论行为中的精微之处。然而，人的命运注定有的仕途不顺，有的却仕途畅达，各人的性情资质也不同，有的昏暗迟钝，有的明朗灵活，不能苛责每一个人都能达到预定的目标，尤其不能因为他们没有达到预期的目标而让他们放弃学业。

子弟朝夕于其间，自有资益，不暇他务。又必有朋旧业儒者，相与往还谈论，何至饱食终日，无所用心，而与小人为非也。

——摘自《袁氏世范·睦亲》

【译文】

子弟们早晚沉醉在书籍中，自会有所收益，且来不及干其他行为不轨之事。又一定会有旧朋故交以儒学为业的，时常往来谈论学问，这样，子弟们就不会饱食终日、无所事事，而与小人为伍、为非作歹了。

人有数子，饮食、衣服之爱不可不均一；长幼尊卑之分，不可不严谨；贤否是非之迹，不可不分别。幼而示之以均一，则长无争财之患；幼而教之以严谨，则长无悖慢之患；幼而有所分别，则长无为恶之患。今人之于子，喜者其爱厚，而恶者其爱薄。初不均平，何以保其他日无争？少或犯长，而长或陵少，初不训责，何以保其他日不悖？贤者或见恶，而不肖者或见爱，初不允当，何以保其他日不为恶？

——摘自《袁氏世范·睦亲》

【译文】

一个人如果有很多孩子，饮食、衣服的供给不能不平均如一；长幼尊卑的名分，不能不严谨；好坏是非之事，不能不分辨。孩子小的时候让他看到平均如一的做法，那么长大后就不会有相互争夺财物的祸患；小的时候严格要求他们要严谨，长大之后就没有违背、怠慢长辈的隐患；小的时候教给孩子如何分辨是非好坏，长大后就没有必要担心他们会作恶。现在的人们对待孩子，喜欢的，给予的关心就多，不喜欢的，给予的爱怜就很少。开始就没有平均如一的观念，怎么能保证日后他们不相互争夺呢？小辈冒犯长辈，长辈凌侮小辈，这样的情况在开始时不加以训斥，怎么能保证日后孩子们不违背、怠慢长辈呢？品行端庄贤达的孩子被厌弃，不肖子却被疼爱，怎么能保证日后孩子们不做坏事呢？

为人子者，当知父母爱之所在，长者宜少让，幼者宜自抑。

——摘自《袁氏世范·睦亲》

【译文】

做儿女的，应当理解父母爱的所在，年龄大的子女对年龄小的要谦让一点，年龄小的子女要注意克制自己的行为，不要过于放任。

为父母者，又须觉悟，稍稍回转。不可任意而行，使长者怀怨，幼者纵欲，以致破家。

——摘自《袁氏世范·睦亲》

【译文】

做父母的，也要反省自己，体会其中的道理，稍稍使自己偏执的爱回转一下。不要一意孤行，让年长的孩子产生怨恨，让幼子放纵自己，最终导致家庭的破裂。

人之兄弟不和而至于破家者，或由于父母憎爱之偏，衣服饮食，言语动静，必厚于所爱而薄于所憎。见爱者意气日横，见憎者心不能平。积久之后，遂成深仇。

所谓爱之，适所以害之也。苟父母均其所爱，兄弟自相和睦，可以两全，岂不甚善！

——摘自《袁氏世范·睦亲》

【译文】

兄弟之间不和睦而导致家庭关系破裂的，其原因大多是因为父母对于子女的爱憎偏颇。衣服饮食、言语行动等方面，必然会给予偏爱的孩子多而憎恶的孩子少。这样一来，受到偏爱的孩子日益意气骄横，而受到憎恶的孩子心中则不能平衡，时间长了，积累的仇恨越深。

所谓的对他的爱，恰恰成了害他的原因。倘若父母把自己的爱平均地分给每一个孩子，兄弟之间就会和睦，这种两全齐美的做法，难道不是很好吗？

故欲吾之诸子和同，须以吾之处兄弟者示之。欲吾子之孝于己，须以其善事伯叔父先之。

——摘自《袁氏世范·睦亲》

【译文】

要想使我的孩子们和睦相处，必须以我与兄弟之间的和睦相处为榜样给他看。要想使我的孩子们孝敬我，就要首先使他们尊重他们的伯父叔父。

与人交游，无问高下，须常和易，不可妄自尊大，修饰边幅。若言行崖异，则人岂复相近！然又不可太亵狎，樽酒会聚之际，固当歌笑尽欢，恐嘲讥中触人讳忌，则忿争兴焉。

——摘自《袁氏世范·处己》

【译文】

和别人交往，不管对方地位高低，态度上必须平和亲切，切不可妄自尊大，而应讲究穿着仪容。如果言谈举止高高在上不着边际，那么谁会愿意和你接近！但是与人亲近也不能太轻慢，品酒聚会的时候，固然应该歌声笑语、尽情畅饮，但轻慢容易在嘲弄讥笑中触碰他人的忌讳，然后引起怨恨争辩。

不若时其出入，谨其交游，虽不肖之事习闻既熟，自能识破，必知愧而不为。纵试为之，亦不至于朴野蠢鄙，全为小人之所摇荡也。

——摘自《袁氏世范·处己》

【译文】

不如常常让他们出去，告诉他们交朋友要谨慎，那些不好的事情常能听闻也就熟悉了，自己遇到相似的事情时，就能够识破，然后一定会因为感到羞愧而不去做。即使试着去做了，也不会愚蠢鄙陋，完全被小人左右、愚弄。

若平昔延接淳厚刚正之人，虽言语多拂人意，而子弟与之久处，则有身后之益。所谓“快意之事常有损，拂意之事常有益”，凡事皆然，宜广思之。

——摘自《袁氏世范·治家》

【译文】

子弟们如果平时交结一些淳朴、厚道、刚强、正直的人，虽然这些人有时说话不一定十分中听，可是与他们相处长久，一定会在日后觉得受益匪浅。这就是所谓的“让你顺心如意的事常常对你有害，而让你担心的事却常常会对你有益”。凡事都如此，人们应该广泛思考这个问题。

贫富无定势，田宅无定主。有钱则买，无钱则卖。买产之家当知此理，不可苦害卖产之人。

——摘自《袁氏世范·治家》

【译文】

贫富本来就不是固定不变的，田地房产也是可以易主的。有钱就可以买，没钱就卖掉。买财产的人家应当明白这个道理，不要乘机苦害那些因贫穷而卖财产的人。

王应麟家训

名人简介

王应麟（1223～1296），字伯厚，号深宁居士，南宋著名的学者、教育家、政治家。王应麟九岁能通读经典史书，被称为神童。在父亲的教导下，王应麟与弟弟王应凤孜孜于学，王应麟更是对经史子集、天文地理皆有涉猎和研究。十九岁时，王应麟举进士，从此步入仕途，其一言一行无不按照父亲的教导行事，谨慎做人，严谨治学。南宋灭亡后，他隐居乡里，闭门谢客，专心于著书立说。所撰《玉海》二百卷，囊括当时科举考试所需的各类知识。其所作考据性笔记《困学纪闻》以考证为特色，居“宋代三大笔记”之首。晚年为教育本族子弟读书，他编写了一本融会中国文化精髓的“三字歌诀”——《三字经》，其与《百家姓》《千字文》并称为中国三大国学启蒙读物，是我国元、明、清时期广泛流传的蒙学识字课本，也是一部优秀的儿童道德教育教材。

《三字经》既是儿童识字课本，也是作者论述启蒙教育的著作。它浅显易懂，取材典范，知识性强，包括中国传统文化的文学、历史、哲学、天文地理、人伦义理、忠孝节义等，其核心思想包括“仁、义、诚、敬、孝”，是一部在儒家思想指导下编成的读物，充满了积极向上的精神。

人之初，性本善。性相近，习相远。

——选自《三字经》

【译文】

人出生之初，禀性本身都是善良的，天性也都相差不多，只是后天所处的环境不同和所受教育不同，彼此的习性才形成了巨大的差别。

苟不教，性乃迁。教之道，贵以专。

——选自《三字经》

【译文】

如果从小不好好教育，善良的本性就会变坏。为了使人不变坏，最重要的方法就是要专心致志地去教育孩子。

幼而学，壮而行。上致君，下泽民。扬名声，显父母。光于前，裕于后。人遗子，金满嬴。我教子，唯一经。勤有功，戏无益。戒之哉，宜勉力。

——选自《三字经》

【译文】

要在幼年时努力学习不断充实自己，长大后能够学以致用，上替国家效力，下为人民谋福利。做出应有的贡献，就会得到赞扬，自己的父母也可以得到荣耀，给祖先增添光彩，也给后代留下好的榜样。有的人遗留给子孙后代的是金银钱财，而我教孩子精于读书学习，长大后做个有所作为的人。反复讲了许多道理，只是告诉孩子们，凡是勤奋上进的人，都会有好的收获，而只顾贪玩、浪费了大好时光是一定会后悔的。

养不教，父之过。教不严，师之惰。子不学，非所宜。幼不学，老何为。

——选自《三字经》

【译文】

做父亲的生了子女后，只顾着去养活他们，而不去教育他们，是父母的过错；做老师的教育学生不够严格，不能使学生有所成就，这就是老师的怠惰。小孩子如果不好好学习，是不好的，年幼时不学习，长大后又会有什么成就呢？

为人子，方少时。亲师友，习礼仪。香九龄，能温席。孝于亲，所当执。融四岁，能让梨。弟于长，宜先知。首孝悌，次见闻。

——选自《三字经》

【译文】

做儿女的，从小时候起就要亲近老师和朋友，以便从他们那里学习到许多为人处事的礼节和知识。东汉时期的黄香，九岁就知道孝敬父亲，替父亲暖被席。这是每个孝顺父母的人都应该效仿的。汉代孔融四岁时，就知道把大的梨让给哥哥吃，这种尊敬和友爱兄长的道理，是每个人从小就应该知道的。人生的首要大事是孝悌，其次是增长见闻。

口而诵，心而惟。朝于斯，夕于斯。

——选自《三字经》

【译文】

读书学习，要有恒心，要一边读，一边用心去思考。只有早早晚晚都把心思用到学习上，才能真正学好。

苏老泉，二十七。始发奋，读书籍。彼既老，犹悔迟。尔小生，宜早思。

——选自《三字经》

【译文】

唐宋八大家之一的苏洵，号老泉，小时候不想念书，到了二十七岁的时候，才开始下决心努力学习，后来成了大学问家。苏老泉上了年纪，才后悔当初没好好读书，而我们年纪轻轻，更应该把握大好时光，发奋读书，才不至于将来后悔。

吕坤家训

名人简介

吕坤（1536 ~ 1618），字叔简，以“抱独居士”自称，明代归德府宁陵（今河南商丘宁陵）人。出身于教育世家，六岁入学启蒙，十五岁作《夜气铭》《招良心诗》，二十五岁得中秀才，二十六岁中举，三十八岁同赐进士出身，初为襄垣知县，因政绩卓著，调任山西大同。因其方正质朴，为政清廉，与沈鲤、郭正域并称为万历年间天下“三大贤”。

除了政绩斐然，吕坤的一生学综百家。他是明代著名的文学家、思想家、教育家、哲学家。他的诗文语言通俗而又巧发奇中，文风峻峭而不失浑厚。他一生著作颇丰，其著作主要是在致仕后的二十多年中完成的，现存有《去伪斋集》《呻吟语》等多部，内容涉及政治、经济、刑法、军事、水利、行政管理、妇女教育、幼儿启蒙、音韵学、医学及残疾人就业等各个方面。

他重教兴学，弱冠之年便开始帮助私塾先生编著《好人》《闺戒》《小儿语》等进行童蒙教育。《续小儿语》是吕坤早年官前居乡之时，在父亲吕得胜所撰《小儿语》的基础上增补而得。吕氏父子十分重视儿童教育，致力于修身蒙学。除《小儿语》外，父亲吕得胜还曾作《女小儿语》。吕得胜虽然一生未入仕途，但在长期的教书实践中积累了丰厚的经验，总结出一套易于实践的教学方法。父子俩常常探讨切磋，在父亲的鼓励下吕坤作《续小儿语》，使得其内容更加完善，力求能够"蒙以养正"。《续小儿语》与《小儿语》的形式相同，分为四言、六言、杂言三部分，但在内容上比《小儿语》更成人化，所叙述的也完全不是儿童之事，而是大人的处世经验和处世哲学，旨在把这些经验和哲学灌输给儿童，让他们从小就遵照着去做。

家训选编

心要慈悲，事要方便，残忍刻薄，惹人恨怨。

——选自《续小儿语》

【译文】

做人要心怀慈悲，做事要尽量于人于己都方便，残忍刻薄的人，必定会惹人怨恨。

要知亲恩，看你儿郎，要求子顺，先孝爷娘。

——选自《续小儿语》

【译文】

要知道父母的恩情，看看你对子女的付出就知道了；要想你的子女孝顺，先要孝顺自己的父母。

从小做人，休坏一点，覆水难收，悔恨已晚。

——选自《续小儿语》

【译文】

从小便要学做人，不要学坏，否则当事情无法挽回时，后悔就已经晚了。

今日用度，前日积下，今日用尽，来日乞化。

——选自《续小儿语》

【译文】

今天的用度，要在前几天筹划好，积攒好；今日如果用完了，那么来日就要乞讨了。

自家有过，人要说听，当局者迷，旁观者醒。

——选自《续小儿语》

【译文】

自己有了过错，别人说要听从，当事人不明白，旁边的人却清醒。

白日所为，夜来省己，是恶当惊，是善休喜。

——选自《续小儿语》

【译文】

白天所做的事，晚上要自我反省，不好的事要提醒自己不要再做，好的事也不要暗自高兴。

读圣贤书，字字体验，口耳之学，梦中吃饭。

——选自《续小儿语》

【译文】

读圣贤们的著作，要自己去思考、体验，听别人讲的道理，就像在梦中吃的饭，是没有用的。

待人要丰，自奉要约，责己要厚，责人要薄。

——选自《续小儿语》

【译文】

对待别人要宽厚，对待自己要简约；要求自己要严，要求别人要宽。

人侮不要埋怨，人羞不要数说，人极不要跟寻，人愁不要喜悦。

——选自《续小儿语》

【译文】

别人遭受侮辱你不要再埋怨他，别人有什么羞耻的事情你不要传播。别人位高权重你不要去追随，别人愁苦的时候你不要幸灾乐祸。

少年志肆心狂，长者言之偏恼，你到长者之时，一生悔恨不了。改节莫云旧善，自新休问昔狂……

——选自《续小儿语》

【译文】

年轻人年少轻狂，年长者说他他还生气。等你自己年纪大了，一定会对自己过去的人生悔恨不已……

自家痛痒偏知，别个辛酸那觉，体人须要体悉，责人慎勿责苛。

——选自《续小儿语》

【译文】

自己的痛痒自己知道，别人的辛酸你哪里会有体会呢。体谅人一定要体谅完全，指责人要谨慎，不要过于苛刻。

儿好何须父业，儿若不肖空积，不知教子一经，只要黄金满室。

——选自《续小儿语》

【译文】

孩子争气哪里还需要父亲的家业，孩子如果不成才，积蓄再多也终将被他白白断送。有些人连一部经典都不懂得要教孩子去学，却只知道不断地积累财产。

说好话，存好心，行好事，近好人。

——选自《续小儿语》

【译文】

做人应当常说利己利人的好话，心肠好，做好事，亲近好人。

君子口里没乱道，不是人伦是世教；君子脚跟没乱行，不是规矩是准绳；君子胸中所常体，不是人情是天理。

——选自《续小儿语》

【译文】

品行端正的君子，不会说触犯伦理的话，这并不是礼教所规定的缘故，而是人的教养好；品行端正的君子不会胡作非为，这并不是因为被规矩约束，而是自己对各种行为有自己的判断标准。

朱用纯家训

名人简介

朱用纯（1627 ~ 1698），字致一，明末清初江苏昆山县人。因仰慕“二十四孝”中为怀念父亲王修而终生不面向西坐，曾在父亲墓前攀柏悲号的王裒而自号柏庐。他是明末清初著名理学家、教育家，人们把他和徐枋、杨无咎并称为“吴中三高士”。

以号明志，朱用纯始终未入仕，早年居乡教授学生、潜心治学，常以小学和《近思录》等作为引导学生的入门教材。康熙三十七年染疾，临终前他告诫弟子：“学问在性命，事业在忠孝。”

朱用纯一生潜心研究程朱理学，提倡知行并进。著有《朱柏庐治家格言》《愧讷集》《删补易经蒙引》《四书讲义》《春秋五传酌解》《困衡录》等。

《朱柏庐治家格言》世称《朱子家训》，是朱用纯的代表作。全文五百余字，内容涉及治家、教子、修身、处世等多个方面，言简意赅却耐人寻味，精辟地阐明了修身治家之道，是一篇家教名著，通篇意在劝人要勤俭持家、安分守己。《朱柏庐治家格言》是诠释儒家思想和中华民族传统美德的典范之作，被历代士大夫尊为“治家之经”。从清朝至民国年间,《朱柏庐治家格言》一度被看做是儿童启蒙的必读篇目之一，成为与《三字经》《百家姓》齐名的蒙学课本。

《劝言》是对《朱柏庐治家格言》思想的进一步深化，共分为四篇，即孝悌、勤俭、读书、积德，对治家、修身、处世之道加以阐述，旨在培养“乡党自好之士”。

家训选编

黎明即起，洒扫庭除，要内外整洁，既昏便息，关锁门户，必亲自检点。一粥一饭，当思来处不易；半丝半缕，恒念物力维艰。宜未雨而绸缪，毋临渴而掘井。自奉必须俭约，宴客切勿流连。器具质而洁，瓦缶胜金玉；饮食约而精，园蔬愈珍馐。勿营华屋，勿谋良田。

……

宗祖虽远，祭祀不可不诚；子孙虽愚，经书不可不读。居身务期质朴，教子要有义方。勿贪意外之财，勿饮过量之酒。与肩挑贸易，毋占便宜；见穷苦亲邻，须多温恤。刻薄成家，理无久享；伦常乖舛，立见消亡。兄弟叔侄，须分多润寡；长幼内外，宜法肃辞严。听妇言，乖骨肉，岂是丈夫；重赀财，薄父母，不成人子。嫁女择佳婿，毋索重聘；娶媳求淑女，勿计厚奁。见富贵而生谄容者，最可耻；遇贫穷而作骄态者，贱莫甚。

居家诫争讼，讼则终凶；处世诫多言，言多必失。毋恃势力而凌逼孤寡；毋贪口腹而恣杀牲禽。乖僻自是，悔误必多；颓惰自甘，家道难成。狎昵恶少，久必受其累；屈志老成，急则可相倚。轻听发言，安知非人之谮诉，当忍耐三思；因事相争，焉知非我之不是，须平心再想。施惠勿念，受恩莫忘。凡事当留余地，得意不宜再往。人有喜庆，不可生妒忌心；人有祸患，不可生喜幸心。善欲人见，不是真善；恶恐人知，便是大恶。见色而起淫心，报在妻女；匿怨而用暗箭，祸延子孙。

家门和顺，虽饔飧不济，亦有余欢；国课早完，即囊橐无余，自得至乐。读书志在圣贤，非徒科第；为官心存君国，岂计身家。守分安命，顺时听天。为人若此，庶乎近焉。

——选自《朱柏庐治家格言》

【译文】

每天黎明就要起床，先用水洒湿庭堂内外的地面，然后扫地，使庭堂内外整洁；到了黄昏便要休息，并亲自查看一下要关锁的门户。对于一顿粥或一顿饭，我们应当想着来之不易；对于衣服的半根丝或半条线，我们也要常念着这些物资的生产是很艰难的。凡事先要准备，像没到下雨的时候，要先把房子修补完善，不要“临时抱佛脚”，像到了口渴的时候，才来掘井。自己生活上必须节约，宴请客人时也不要铺张浪费、接连不断。餐具质朴而干净，虽是用泥土做的瓦器，也比金玉制的好；食品节约而精美，虽是园里种的蔬菜，也胜于山珍海味。不要营造华丽的房屋，不要贪图好的田地。

……

祖宗虽然离我们年代久远了，祭祀却仍要虔诚；子孙即使不谙世事，教育也是不容怠慢的。自己生活节俭，以做人的正道来教育子孙。不要贪不属于你的财，不要喝过量的酒。和做小生意的挑贩们交易，不要占他们的便宜。看到穷苦的亲戚或邻居，要关心他们，并且要给他们金钱或其他的援助。对人刻薄而发家的，绝没有长久享受的道理。行事违背伦常的人，很快就会被消灭。兄弟叔侄之间要互相帮助，富有的要资助贫穷的。一个家庭要有严正的规矩，长辈对晚辈言辞应庄重。听信妇人挑拨，而伤了骨肉之情，哪里配做一个大丈夫呢？看重钱财，而薄待父母，不是为人子女的道理。嫁女儿，要为她选择贤良的夫婿，不要索取贵重的聘礼；娶媳妇，须求贤淑的女子，不要贪图丰厚的嫁妆。看到富贵的人，便做出巴结讨好的样子，是最可耻的。遇着贫穷的人，便显露出骄傲的态度，是最卑鄙不过的。

居家过日子，禁止争斗诉讼，一旦争斗诉讼，无论胜败，结果都不吉祥。处世不可多说话，言多必失。不可用势力来欺凌压迫孤儿寡妇，不要贪口腹之欲而任意地宰杀牛羊鸡鸭等动物。性格古怪，自以为是的人，必会常常因做错事而懊悔；颓废懒惰，沉溺不悟，是难成家立业的。亲近不良的少年，日子久了，必然会受牵累；恭敬自谦，虚心地与那些阅历多而善于处事的人交往，遇到急难的时候，就可以受到他们的指导或帮助。他人来说长道短，不可轻信，要再三思考。因为怎知道他不是来说人坏话呢？因事相争，要冷静反省自己，因为怎知道不是自己的过错？对人施了恩惠，不要记在心里；受了他人的恩惠，一定要常记在心。无论做什么事，当留有余地；得意以后，就要知足，不应该再进一步。他人有了喜庆的事情，不可有妒忌之心；他人有了祸患，不可有幸灾乐祸之心。做了好事，而想他人看见，就不是真正的善人。做了坏事，而怕他人知道，就是真的恶人。看到美貌的女性而起邪心的，将来会报应在自己的妻子儿女身上；怀怨在心而暗中伤害人的，将会给自己的子孙留下祸根。

家里和气平安，虽缺衣少食，也觉得快乐；尽快缴完赋税，即使口袋所剩无余也自得其乐。读圣贤书，目的在学圣贤的行为，不只为了科举及第；做一个官吏，要有忠君爱国的思想，怎么可以考虑自己和家人的享受？我们守住本分，努力工作生活，上天自有安排。如果能够这样做人，那就差不多和圣贤做人的道理相合了。

可知孝亲悌长，是天性中事，不是有知有不知、有能有不能者也。

——选自《劝言》

【译文】

孝顺父母、敬爱兄长是人先天具有的品性，不是有人知道有人不知道、有人能做到有人不能做到的啊。

勤与俭，治生之道也。

——选自《劝言》

【译文】

勤劳与节俭，是经营家业的途径。

若只浮浮泛泛，胸中记得几句古书，出口说得几句雅话，未足为佳也。

——选自《劝言》

【译文】

（读书）如果只是虚夸不实，胸中记得几句古文，出口说得几句雅言，是不足以称好的。

盖德亦是天性中所备，无事外求，积德亦随在可为，不必有待。

——选自《劝言》

【译文】

道德是人所拥有的品质，没有必要求之于外，积德随处可以做得到，不必等到具备一定的条件才去做。

朱庆澜家训

名人简介

朱庆澜（1874～1941），字子桥、子樵、紫桥。祖籍浙江绍兴，生于山东济南。朱庆澜六岁丧父，十四岁丧母，十七岁时做了治理黄河的河工。后随友赴东北，投东三省总督赵尔巽部下，深受赏识，历任三营统领，凤凰、安东知县，东三省营务处会办，1907年（光绪三十三年）任步军第二标标统。同年入陆军将校研究所，充督练公所参议。辛亥革命后，历任四川大汉军政府副都督、黑龙江督署参谋长等。朱庆澜是政治家、慈善家、爱国将领，也是国歌《义勇军进行曲》的命名者。

朱庆澜出生在半殖民地半封建社会的旧中国，亲眼目睹了鸦片战争后近代中国遭受列强瓜分与侵略的情景。他认为，中国之所以处于这样的地位，主要是由于国人从小所受教育的局限性。因此，出于爱国，他主张"要把中国变强，非把中国的小孩好好教育起来不可，否则，中国永无翻身的日子"。当时辽宁锦州的中学只有男校，没有女校，为了让女学生也能够享受同样平等的入学权利，1928年朱庆澜与一些开明士绅共同出资创办了成德女子中学，由其夫人徐雅志任校长。几年的时间，他们便

培养了女学生数百名，为锦州的教育发展做出了贡献。

他还亲笔撰写、亲自捐资出版了一部在当时具有鲜明特色和重要价值的教育学专著——《家庭教育》。这本书主要论述学龄前儿童的家庭教育，用白话文写成，语言通俗易懂，对家庭教育的重要性、原则、内容、方法等基本问题都进行了系统的论述，既有科学依据，又有实践意义，是我国近代史上第一部现代家庭教育的著作，也是中国家庭教育思想发展上的一个重要里程碑。

家训选编

朱庆澜认为，六岁以前的家庭教育好似孩子人生中的第一道染缸，是“至要紧的事”。他说：“因为小孩生下来，好似雪白的丝。在家里养活六年，好似第一道染缸。六岁进了学堂，好似第二道染缸。二十岁后出了学堂，到世界上来同人办事，好似第三道染缸。”在第一道染缸打上“红底子”，以后再受到好的教育和影响，就会变成“大红”“朱红”，即使受到不良的教育和影响，“红底子”也不会很快变化。相反，如果第一道染缸染成“黑底子”，以后即便是受到好的教育和影响，原来的“深底子”也很难洗去，倘若受到不好的教育，那么就越描越黑了。

假如遇上不热心的先生和坏朋友，就会将“黑底子”一层一层加上黑色，“自然变成永不脱色的黑青，永不回头的坏蛋了”。

他认为：“无论什么教育，教育人（即教育者）都要将自己身子做个样子与学生看。不能只凭一个口，（不要以为）随便说个道理，学生就会信的。”“做父母的，要禁止儿女不要做那样事，总要自己不去做；要教儿女做那样事，总要自己先去做。”

他认为，教育定要跟着小孩的程度。“教人的（即教育者），不跟着教的人（即受教育者）的程度走，好似主人请个吃素的客，却是预备了一桌燕菜烧烤，主人只管费了事，客却没有地方下箸。”

“千里马能走千里，是说腿力长足了的时候。如果马驹子的时候，你就强（迫）着他，今天走二百（里），明天走三百（里），是个好马驹，小时候也可以勉强对付。却是腿力没有长足，提前用得太早，用得太尽，等到长大该走一千里的时候，却连一百里也走不得了。这不是马的错，却是骑马的造孽。”

“如果教儿子太着急，这个意思，一半是望儿子好，一半也有个要儿子替我挣个名誉的心。想到将来（扬名显亲），已算是私心。如果因为想挣自己的名誉，就不顾儿子的死活，不管他年纪到了未有，聪明长够了未有，一味硬逼着往前进，或是把儿子聪明弄塞，或是把身体弄坏，那就是做父母的害了好孩子。”

他认为，要注意“家庭气象的教育”。“气象就是样子，家里是个什么样子，小孩一定变成什么样子。家庭气象，好比立个木头，小孩好比木头的影子。木是直的，影一定直；木是弯的，影一定弯曲，一点不会差的。”

“父母哪怕天天教小孩和气，如果家里（风气）是个乖张（不讲情理）的样子，小孩一定变成乖张的脾气；哪怕天天教小孩勤谨，如果家里（风气）是个懒惰的样子，小孩一定变成懒惰的脾气。”

“家庭教育的担子，不但在做父母的身上。做父母的想教成个小孩子，先要把一家子的弟兄妯娌人人都劝好教好，完完全全做成个好家庭的样子，小孩才会好的。说到此处，就要知道治家是第一层功夫，教儿子还是第二层功夫呢。”

他还认为，父母要共同教育子女。

“父母要分担教育，不要叫小孩分个亲疏轻重。”

“人家里的小孩，多半亲热母亲，疏远父亲，看重父亲，看轻母亲……都是做父亲的，单管教儿子，所以叫儿子看重父亲，一面却生个怕父亲的意思，不知不觉同父亲疏远起来。做母亲的，单管养儿子，所以叫儿子亲热母亲，一面却生个撒娇的意思，不知不觉看轻了母亲。”

“做父亲的，一面教儿子，一面也要养儿子；做母亲的，一面养儿子，一面也要教儿子。父亲要教儿子尊重母亲，母亲要教儿子亲热父亲。父母同时去教，小孩知道做了坏事，无地可以躲藏，无人可以保护，自然不敢做坏事，父母同时去养，小孩知道父母都是我的大恩人，自然不会亲热这面，疏远那面，自然变成个孝顺儿子。”

“有规矩的自由叫活泼，没有规矩的自由叫放肆；不放肆叫做规矩，不活泼叫做呆板。”

“小孩爱如何说，听他如何说，这叫做活泼；因为听他随便说，就连粗话、横话、下流混账话都不干涉他，如此就是放肆了；不准他说粗话、横话、下流混账话，叫做规矩；因为不准他说粗话、横话、下流混账话，就无论何种话都不准他说，好似要贴张封条在他嘴上，如此就是呆板了。”

“小孩在面前，父母对人说某家小孩太蠢。小孩听见这句话，就生出骄傲的心。对着人说某家父亲富贵，他儿子穿的衣服顶讲究，这句话小孩听见，又会生出羡慕虚荣体面的心。对着富贵人，父母格外恭敬，小孩看见，就会生出一种势利心。对着贫贱人，父母有意糟蹋，小孩看见，又会生出一种刻薄心。”

“做父母的，不但在家里一言一动要谨慎，就是同朋友说话做事，有小孩在面前，也要格外小心。万一今天说句话，怕小孩错会了意，回家一定要说明一番。”

“有时带小孩出门，更要细细察看他同别家小孩的说话举动。回到家来，先把自己的小孩说话举动，哪样好，哪样不好，好好分别指出来，好的夸奖他，不好的劝戒他。再把别家小孩言动的好丑，一一与他分别指出来，好的教他要学，丑的教他要戒。”

他提倡“仁的教育”，认为“仁就是良心，爱人爱物件之心”。他主张教育孩子不要随便毁坏物件、动物，不要仗势欺人、欺侮弱势群体。

他提倡“礼的教育”，认为“礼的教育，一是要教孩子懂得长幼有序，尊敬长者；二是使孩子对他人有礼貌；三是要教孩子学会各种礼节”。

他提倡“智的教育”，认为“智就是聪明，就是知识”。“智的教育”应当包括三个方面：一是认识人和物的名目，即知道人和物的名称；二是认识人和物的性质，如伯伯、叔叔的含义，饭是用什么做的，衣服帽子有什么用处等；三是如何待人，如何使用物，即如何应用所学的知识。具体的教育方法是："先教他分别名目，再教他分别性质，再教他对付应用的方法。"

他提倡"信的教育"，认为"信的教育"即品德教育，父母要教导孩子讲诚信。在这一过程中，父母要注意自己的言行，不能欺骗孩子，否则父母所讲的道理孩子是听不进去的。家长要鼓励孩子说实话，对说假话的行为要严厉批评，在这类问题上，家长的态度要十分明朗，才能让孩子清晰地意识到怎样做才是对的。

他提倡"勤俭的教育"，认为"不勤不但害小孩的志气，而且害他的身体，不俭不但教小孩眼前枉使几个钱，并且教他将来受不尽的苦"。

"不要学那绝无见识的父母，把儿子当成祖宗，任他享福，却自己爱做牛马，替他受罪。不但苦了自己，并且害了儿子。"

他提倡"公德的教育"，认为"爱自己的心叫私心，爱大众的心叫公德"。公德教育要从小进行，对于孩子不讲公德的行为，"勿论事大事小，都要干涉"。